Johannes Julius Jansen

Ich werde berühmt...

Der schwule Alltag ist pure Satire

Ein Jojo Buch

Ein Jojo Buch

Danksagung

Es ist schwierig, all jenen zu danken, die es verdient haben. Trotzdem möchte ich besonders meinem Mann (I love you, my dear!), Gerri, Jens und Jörg danken. Sonst natürlich allen, die mir Mut gemacht haben und mich auf die eine oder andere Weise unterstützt haben.

Vor allem möchte ich Frank Grönwald danken, denn ohne ihn hätte ich nie den Mut gehabt, den entscheidenden Schritt zu gehen.

Dieses Buch ist für Peter Fervers, der mir zeigte, was es bedeuten kann schwul zu sein. Er starb 1995 mit 30 Jahren an Leukämie. Er hat diese Geschichten nie gelesen. Ich werde ihn immer vermissen, denn er war ein Freund.

Mönchengladbach, den 29.02.2000

Jojo

Wer ist Johannes Julius Jansen?

Eigentlich spielt die Frage keine Rolle, denn ich spiele keine Rolle, würde Jansen, genannt Jojo, jetzt darauf antworten. Hier aber trotzdem ein paar Eckdaten des Autors: Geboren wurde Jansen im Jahr 1963 in einem kleinen Dorf in der Nähe von Mönchengladbach, der inzwischen größten Stadt am linken mittleren Niederrhein. Dort lebt er nun seit ein paar Jahren sehr zurückgezogen. Nach eigenen Aussagen vermeidet er Dinge, wie Drogen, Zigaretten, Alkohol. Ja sogar Kaffee oder Tee werden von ihm abgelehnt. Um seine genauen Lebensumstände macht er ein recht großes Geheimnis. Wie er selber sagt, ist das nur zum Schutze seiner Persönlichkeit. Lediglich seine Internetseite ist seit mehreren Jahren die einzige Möglichkeit als Außenstehender mit ihm Kontakt aufzunehmen. Es wird jedoch gemunkelt, daß Jansen ein Philanthrop mit asketischen Zügen sein soll, der jegliche Öffentlichkeit scheut.

Nur gelegentlich kann man ihn in Buchläden oder bei Organisationen, wie z. B. der AIDS-Hilfe bewundern, wie er auf seine unnachahmlich charmante Art öffentliche Lesungen hält. Freunde, so sagt Jansen selbst, schätzen ihn vor allem für seine fast telepathische Begabung Menschen zu erkennen. Man sagte schon von ihm, daß er ein großes analytisches Talent besäße, das allerdings durch seine verschrobene Zurückgezogenheit leider zu wenig zum Einsatz käme. Das Genre der Satire paßt gut zu dem Mann, der sich selbst und auch seine Umwelt nicht gerne ernst nimmt. Es ist schwierig genau auszumachen, was in seinen Geschichten Phantasie und was Wirklichkeit ist. Seine Storys zeichnen sich alle durch eine sehr gute Beobachtungsgabe aus. Nur im ersten Moment wirken sie platt und grob zusammengezimmert. Dies ist von Autor so gewollte, denn wenn man sich die Mühe macht die Feinheiten zu betrachten, dann merkt man, welch ausgeklügeltes System in jeder einzelnen Geschichte steckt. Eins ist sicher: Nichts ist Zufall in seinem Buch. Seine Geschichten sind recht vielschichtig, ebenso sein Detailbewußtsein, seine dramaturgische Umsetzung, sein Witz und Esprit erst recht. Und bei allem noch jene Einladung zur Tiefsinnigkeit an den Leser: Man kann seine Stories einfach locker lesen und genießen oder eben auch Wahrheiten, Einsichten und mehr mitbekommen. Eins ist jedoch sicher: Wenn man nicht aufpaßt, entgleisen schnell die Gesichtszüge... vor Lachen.

4

Inhalt

Ich werde berühmt...

Anstatt des üblichen Vorwortes werde ich mir die Freiheit nehmen, eine ziemlich schmutzige Geschichte voranzustellen. Die zarten Gemüter mögen nun bitte direkt weiterblättern und mit der nächsten Geschichte beginnen. Doch sie laufen Gefahr einige wesentliche Informationen über mich zu verpassen. Also, hier eine ganz und gar nicht jugendfreie Geschichte an Stelle eines Vorwortes zu einer ansonsten ziemlich jugendfreien Sammlung:

Ihr könnt euch nicht vorstellen, was mir passiert ist. Da klingelte doch letztens das Telefon und ich hatte einen Reporter einer Schwulenzeitung am Apparat.

"Müller (Name geändert), von der Rosa Box (Name geändert), guten Abend Herr Jansen (Name nicht geändert). Ich rufe an, weil ich von ihren diversen Geschichten erfahren habe und nun möchte ich gerne mit ihnen ein Interview machen."
Ich überlegte einen Augenblick, welche von meinen 'Geschichten' er ansprach. Ich beschloß, daß er die harmlosen auf Papier meinte.
"Rosa Box? Kenn' ich nicht!"
"Hmmm, ...ähm... ja... (weitschweifige Erklärung über die Zeitschrift gelöscht)."
"Ach so, und da wollen sie **mich** interviewen?"
"Ja, wegen ihrer Geschichten."
"Tja, und wie haben sie sich das so vorgestellt?"
"Ich würde gerne vorbeikommen und dann bei ihnen ein bißchen private Atmosphäre schnuppern."
"Das ist mir aber gar nicht recht. Aber wenn es schnell geht... und keine Fotos. Ich bin nicht fotogen."
"Das kann ich mir bei ihren Geschichten nicht vorstellen", kicherte er blöde. Nun folgt eine umfangreiche Terminabsprache. Aber der letzte Satz hätte mich aber stutzig machen sollen!

Der Interviewabend kam. Es klingelte. Ich ließ den Reporter, der sich als (seufz!) schwarzgelockter Italotyp entpuppte, herein. Er war zirka fünfundzwanzig Jahre alt und hatte einen Schnauzbart. Also, was soll's? Ran an das Interview! Nachdem ich aufgetischt hatte, was das Haus bietet (vom Schweinebraten wollte er nichts), fing er an.

"Ähm, man hat mir ihre Geschichten vorgelegt, die sie veröffentlichen. Ich habe sie ganz fasziniert gelesen, denn sie zeichnen sich durchaus durch eine gewisse Vielfalt aus. Meine erste Frage: Ist die Handlung immer frei erfunden?"

"Ja und nein. Es gibt Geschichten, die sind reine Phantasie. Bei anderen wiederum habe ich nur die Namen geändert."

"Ach, und ich dachte, ich treffe nun die Obertucke und den Sexprotz von Mönchengladbach (kichert dämlich)."

Etwas wütend erklärte ich weiter: "Ich erfinde die Geschichten aber meist auch nach wahren Begebenheiten. Es ist dann genug Wahrheit darin, daß ein Uneingeweihter, der Teile meines Privatlebens kennt, doch annehmen könnte, daß die Geschichten wahr sind."

"Interessant. Also haben sie nicht eigene Ideen, sondern sie beschreiben nur einfach ein paar Szenen aus ihrem Leben und das war's dann?"

"Na ja, so einfach ist das auch wieder nicht, denn für diese Art von Geschichten braucht man ja auch eine gewisse Kreativität. Oder sind sie nicht kreativ? Zum Beispiel beim... Sex? Hmmm?"

"Doch schon, aber... nächste Frage. Was bevorzugen sie denn nun so als Sexpraktik... ähm, ich meine Schreibstil. Eher den ernsten oder eher den bizarren?"

"Dumme Frage, dumme Antwort: So ziemlich alles. Ich lehne nur Dirty... ähm, ich lehne nur Tragödien für mich ab."

Er öffnete sich zwei Hemdenknöpfe.

"Aber alles safe... ähm, abgesichert in mehreren Dateien natürlich?"

Er öffnete sich noch zwei Hemdenknöpfe.

"Das kann ja wohl nicht wirklich ihre Frage sein, oder?"

Mir wurde warm beim Anblick seiner (uhhh!) behaarten Brust. Ich öffnete ebenfalls meine Knöpfe am Hemd.

"Nun ja, verstehen sie mich nicht falsch, aber sie sehen nicht aus wie... ähm, ein Adonis. Wie kommt es zu den ganzen... Männergeschichten? Ach übrigens, darf ich mich auf das Sofa zu ihnen setzen? Ich sehe hier bei der Beleuchtung so schlecht."

"Ja meinetwegen. Tja, wie kommt es zu den Geschichten mit den vielen Männern? Es ergibt sich meist. Ich bin ein offener Mensch und liebe es, wenn andere Menschen auch offen zu mir sind. Ich möchte aber auch gerne angesprochen werden."

Er hatte sich herüber gesetzt und saß schon fast auf Tuchfühlung.

8

"Kann es sein, daß sie die Heizung ziemlich hoch eingestellt haben?"

"Nein, aber tun sie sich keinen Zwang an."

Ich wußte, was kam. Und richtig, er zog sich das Hemd aus. Mit nacktem Oberkörper saß er da, und machte eifrig Notizen, obwohl ich nichts sagte.

"Nun ja, wenn *sie* dürfen, dann nehme ich mir auch die Freiheit." Ich zog mein Hemd auch aus, die Schuhe dazu und legte die Füße auf den Tisch. Ich wohne schließlich hier.

"Gute Idee!"

Er tat es auch so und fragte weiter.

"Welche Geschichte war denn nicht frei erfunden?"

Ich lockerte meinen Gürtel: "Das verrate ich nicht. Das sollen die Leser ruhig selber versuchen zu enträtseln."

"Tja, ich tippe darauf, daß die Geschichte mit dem Baggersee echt war."

Er lockerte sich ebenfalls den Gürtel, legte eine Hand auf mein Knie und massierte es leicht.

"Jetzt haben sie aber Probleme, ich meine mit dem Schreiben", schmunzelte ich.

"Ach, das macht nichts. Ich merke mir alles im Kopf. Meine Hose drückt mich so im Schritt. Meinen sie, es stört sie, wenn ich sie ausziehe?"

"Ach was! Es stört mich nicht im geringsten."

Ich streifte meine Hose auch ab. Nun saßen wir beide im Slip da und seine Erregung war nicht zu übersehen.

"Ich habe eine Bitte. Kann ich vielleicht ihr Schlafzimmer sehen? Ich habe so viel über ihr Bett gelesen."

"Klar, gehen wir hinauf in meine Schlafkathedrale."

Gesagt, getan. Oben angekommen bewunderte er mein Bett und schmiß sich drauf.

"Federt aber nicht so doll."

"Meinen sie ich will beim - na, sie wissen schon - seekrank werden?"

Ich setzte mich mit Vehemenz neben ihn und ließ meine Hand über seinen Bauch wandern. Er fackelte nicht lange, drehte mir den Rücken zu und entledigte sich seines Slips.

9

"Sagen sie, sind in dem Fach hier die Utensilien wie Kondome und Gleitcreme?"
Er machte das Nachtschränkchen ungeniert auf und entnahm erst drei Dildos, dann zwei Vibratoren, zwei Flaschen Gleitmittel und schließlich eine Kiste, deren Inhalt ehemals aus fünfzig Kondomen bestanden hatte.
"Nett! Sie sind ja ganz gut ausgestattet."
"Ja, es geht so."
Ich entledigte mich des Slips. Er öffnete eine Flasche Gleitmittel und schmierte damit seinen Hinterausgang ein. Er reichte mir ein Kondom und ich streifte es über. Ich rückte heran und führte mein bestes Teil langsam ein. Leicht stöhnend fragte er: "Wann kommen denn die nächsten Geschichten von ihnen?"
Ich arbeitete mich langsam und stetig vor und brachte ihn mit sanften Bewegungen zum Stöhnen.
"Sollten wir uns nicht zueinanderdrehen? Ich schaue meinen Interviewpartnern gerne ins Gesicht."

Er drehte sich auf den Rücken und ich nahm seine Beine auf meine Schultern. Ich ging wieder in Stellung und knetete seine Brust. Er stöhnte so laut, daß ich fast schreien mußte, denn sonst hätte er mich nicht verstanden.
"Ich weiß noch nicht. Ich bin ein Etappenschreiber. Mal schreibe ich vier oder fünf Geschichten gleichzeitig und dann wieder monatelang gar nichts."
"Und... wie... lang... brauchen... sie... so... für... eine... Ge... Ahhhh... schichte?"
"So... ahhh... etwa... fünfzehn... Ahhhh... Minuten... Hmmm..."
"Waaaa... hhhhhs? Mee... eeehhhhhr hmm .. ahhhh.. fester... nicht?"

Ich zeigte ihm meine ganze Kunst. Er kam heftigst. Ich war noch nicht fertig. Ich drückte ihn herunter und machte heftiger weiter. Da kam ich und er war inzwischen wund. Na, ein bißchen Konzentration brauche ich auch dabei.
"(Seufz!) Nein, ich brauche nicht länger als fünfzehn Minuten - etwas länger als diese Nummer hier."
Er sprang auf, sauste ins Bad und ich hörte das Wasser rauschen. Er kam mit einer Zigarette und vollkommen angezogen wieder zurück, während ich auf dem Bett seine nächste Frage erwartete.
"Wollen sie auch eine Zigarette? Rauchen sie auch immer danach?"

"Ja, meistens. Danke, aber ich bevorzuge meine Marke."

Ich stand auf, ging mit ihm hinunter ins Wohnzimmer und kleidete mich wieder an, zündete mir eine Zigarette an, setzte mich wieder aufs Sofa und machte es mir bequem. Er saß wieder auf dem Sessel und machte eifrig Notizen.

"Gut, dann habe ich alles. Ich bedanke mich bei ihnen für die Numm... ähm, das Interview und muß direkt weiter zum nächsten Termin. Er stand auf und ich folgte ihm zur Tür. Er drehte sich noch mal im Flur um.

"Eine Frage habe ich noch: Gibt es etwas, das sie nicht mögen? Ich meine etwas, was sie so richtig hassen? Wann darf, nur als Beispiel, ein Partner auf keinen Fall wiederkommen?"

"Das ist ganz einfach."

Ich sog lässig an meiner Zigarette.

"Ich hasse Nummern unter einer Stunde, Partner, die direkt aufstehen und ins Bad rennen, um sich alles abzuwaschen, dann rauchend und angezogen wieder ans Bett kommen und Reporter, die dumme Fragen stellen. Adieu!"

Mit diesen Worten schlug ich ihm die Tür zu und machte mir etwas zu essen. Eine Ersatzbefriedigung ist manchmal auch nicht schlechter als ein schlechtes Interview.

Geschmack hat man...
oder man hat ihn nicht

Vor einer Woche, nach der Arbeit, fiel mir siedendheiß ein, daß ich zwar Möbel bestellt hatte, die auch endlich in zwei Wochen geliefert werden sollten, ich aber ganz vergessen hatte, einen Teppich zu kaufen.

Ich hatte gerade nichts Besseres vor und fuhr direkt zu meinem Lieblingsmöbelhaus, weil dieses hier in Mönchengladbach die größte Teppichabteilung in der Stadt hat. Ich betrat das Möbelhaus und stellte fest, daß es erstaunlich leer war. Schnellen Schrittes ging ich in die Teppichabteilung im Erdgeschoß und sah mich um. Ich war beeindruckt von der Auswahl. Ich hatte zwar eine Vorstellung, aber so richtig konnte ich mich nicht entscheiden.

So suchte und fand ich einen Verkäufer. Es war ein sehr freundlicher, kleiner Iraner. Ich bekomme seinen Namen nicht mehr zusammen, aber er klang sehr melodisch und auch sein Typ sagte mir zu. Ich wurde schnell mit ihm warm. Er zeigte mir eine Reihe von Teppichen und als ich mich immer noch nicht entscheiden konnte, da fragte er mich nach den Farben meiner übrigen Einrichtung. Ich zählte sie ihm auf. Er lächelte und schleifte mich in die hinterste Ecke zu seinem Schreibtisch. Dort hielt er mir einen Katalog unter die Nase und prompt hatte ich eine Reihe von passenden Teppichen gefunden. Ich konnte mich aber noch immer nicht so recht entscheiden, und da es auf den Ladenschluß zuging und ich immer noch unentschlossen war, machte er mir einen Vorschlag.

"Ich habe gleich Feierabend. Ich könnte nachher zu ihnen nach Hause kommen und die Kataloge mitbringen. Zu Hause können sie sich sicher besser entscheiden."
Ich hatte in letzter Zeit so meine Erfahrungen mit Besuchern gemacht (man denke nur an den blöden Reporter aus der letzten Geschichte). Ich schaute skeptisch durch seine randlose Nickelbrille in seine schwarzen, unbeschreiblich schönen Augen. Er war recht klein und zierlich, hatte pechschwarzes, mittellanges Haar und einen fein gestutzten, ebenso schwarzen Vollbart. Er schien mir so um die dreißig Jahre alt zu sein und trug keinen Ring. Sorry, aber ich schaue da immer zuerst drauf. Ich kann nicht ver-

13

leugnen, daß er mein Typ war. Genau mein Typ sogar, und wenn ich ganz ehrlich bin, dann habe ich seit etwa anderthalb Stunden während des gesamten Verkaufsgespräches mit ihm geflirtet. Er ist mir nicht ausgewichen, sondern ist auf alle kleinen Zweideutigkeiten und Spitzfindigkeiten eingegangen.

‚Es wäre doch zu schön...', dachte ich und sagte: "Na gut, wenn es ihnen nichts ausmacht?"

"Warum sollte es mir etwas ausmachen? Ich wohne nur ein paar Häuser von ihnen entfernt."

Er lächelte mich irgendwie wissend an.

"Ach, nur ein paar Häuser weiter? Etwa auf der gleichen Straße?"

"Ja, das ist ein Zufall, nicht?"

Nun muß ich dazu sagen, daß gerade auf meiner Straße viele Mehrfamilienhäuser stehen und ich nach einem Jahr immer noch nicht alle Nachbarn gesehen habe. Ich scheine ihm aber aufgefallen zu sein.

"Tja, wenn das so ist, dann fahre ich nun einfach los und erwarte sie zu Hause."

"Gut, ich komme so in etwa einer Stunde nach. Die Kataloge bringe ich mit. Es wäre doch gelacht, wenn wir da nicht zu einem befriedigenden Ergebnis kommen würden."

‚Ja', dachte ich, 'das wäre doch gelacht!'

Ich flitzte nach Hause und stellte erst einmal meine Wohnung auf den Kopf. Schon die Hälfte der alten Möbel fehlte und es war extrem unordentlich. Mist, es gab keinen Tropfen zu trinken mehr im Haus, nur noch Spirituosen. Aber er wird sowieso nur Kaffee trinken. Ich mache nicht mehr den Fehler, alles aufzufahren, was das Haus bietet. Das hatte ich damals bei diesem blöden Reporter gemacht. Und was kam dabei heraus? Er kam, fraß und... kam. Einen Artikel hatte er dann doch nicht geschrieben. Nicht mehr mit mir! Schnell stopfte ich die schmutzige Wäsche, die noch überall im Wohnzimmer verteilt lag, ins Badezimmer. Mit dem Staubtuch fuhr ich über die restlichen Möbel und dann sauste ich hinauf in mein Schlafzimmer. Himmel, das Bett war noch nicht gemacht. Ich riß eilig alles auseinander und machte es so geschwind, daß ich keine Form hineinbekam. Bei Satinbettwäsche ist das auch schwer. Macht nichts! Schief ist englisch, und englisch ist modern.

Ich war ins Schwitzen gekommen und transpirierte heftig. So konnte ich ihm doch nicht unter die Nase treten. Schnell entledigte ich mich meiner Klamotten und stürzte ins Badezimmer. Ich glaube, so schnell habe ich noch nie geduscht. Alles stand unter Wasser. Ich nahm einen Putzlappen und wischte noch schnell die gröbsten Pfützen auf. Dann kam eine schwierige Entscheidung. Wie sollte ich denn heute abend riechen? Männlich, neutral, tuntig? Ich entschied mich für tuntig. Man weiß ja nie. Oder vielleicht doch männlich? Ich sprühte mich auch noch mit diesem Duft ein. Ich roch an mir. Puh, Herr Duoglas hätte seine helle Freude an mir. Ich wischte mich nochmals mit einem feuchten Handtuch ab - so tuntig hat noch nie ein Handtuch gerochen. Zu guter Letzt sprühte ich noch ein wenig von dem neutralen Duft hinterher, um das tuntig-männliche Aroma abzumildern.

Ich sah auf die Uhr. ‚Ach du gute Güte', dachte ich, ich hatte nur noch dreißig Minuten. Was ziehe ich an? Ich stand nackt und duftend vor dem Kleiderschrank und betrachtete meine Hüften. Ein roter oder ein grüner Slip? Oder vielleicht doch ein neutrales Schwarz? Rosa wäre zu auffällig und blau zu langweilig. Ich entschied mich für das Leopardenmuster. Es sollte verwegen und gefährlich wirken. Dann kam das Hemd. Locker und flockig sollte es meine breiten Schultern umspielen. Da kam nur das neue, sündhaft teure Hemd von Daniel Hechler in Frage. (Oder wie hieß der noch mal? Egal, Hauptsache teuer!) Die schwarzen, knallengen Jeans waren obligatorisch. Ich betrachte mich im Spiegel. Igitt! Die Jeans waren ja gar nicht mehr eng! Mist, wenn man dauernd sein Gewicht ändert, dann kann das schon echt peinlich werden. Ich machte mit dem Unterkörper eine Dreivierteldrehung nach rechts und links und befand meinen Arsch als knackig genug. Aber vorne, Jojo, vorne sah man nun gar nichts mehr. Die erste Tuckenregel für Jeansgrößen lautet: Es muß weh tun beim Sitzen, dann formt sich die Beule vorne richtig. Aber ein altes Hausmittelchen dagegen war schnell gefunden. Ein Paar Strümpfe vorne reingesteckt und alles war wie gewünscht.

So, nun kommen wir zu den Feinheiten. Haarlack drauf, denn sonst kommen die schon etwas lichten Stellen durch. Ich sprühte und sprühte.

Nach massiver Haarumverlegung war ich mit mir zufrieden. Hoffentlich ging er mir nicht in die Haare. Ich sah mich schon vor

ihm stehen und kreischen: ‚Schlag mich, kratz mich, beiß mich, aber geh' mir nicht in die Haare!'
Nein, das konnte es nicht sein, also nach dem Lack noch ein bißchen mit Gel aufgelockert. Es war schwierig, die einzelnen Haare wieder voneinander zu trennen, aber mit einer stabilen Gabel aus der Küchenschublade ging es. Ich prüfte meine Frisur. Ja, jetzt war ich zufrieden. Ich hätte mir eben meine Haare gar nicht waschen müssen, denn nun waren sie noch fettiger und zerzauster, aber sie waren ‚gestylt'. Das war entscheidend, nicht wie sie aussahen!

Nun zu den Accessoires. Goldkette, Goldhalsband, Goldrolex, Goldclips für den Kragen und natürlich zwei, nein, drei oder besser noch vier Goldringe. Hach, ich liebe Gold! (Für den nächsten Geburtstag wißt ihr nun Bescheid.) Dann legte ich noch ein bißchen Strass-Schmuck an. Ok, der ist nicht echt, aber der wirkt. Ich trat vor den Spiegel. Huch, nun war ich aber geblendet. Es glitzerte und funkelte an allen Ecken. War das vielleicht ein wenig zuviel? Ich war so geblendet, daß ich erst mal die Sonnenbrille aufzog. Ja, das war entschieden zuviel! Ich entledigte mich also des Ringes am rechten kleinen Finger und betrachtete mich erneut. Ja, so konnte ich durchgehen.

Nun, bei der Beleuchtung, sah ich etwas, was mir den Schreck in die Glieder fahren ließ. Mein immer noch im Ansatz vorhandenes Doppelkinn war bei dem Licht gut zu sehen, und die Falten an den Augenwinkeln wirkten fast so tief wie Ackerfurchen. Also wieder ins Badezimmer und ganz unten den Schminkkoffer ausgegraben. Zuerst fand ich ihn nicht, weil er so gut versteckt war, denn den durfte ja keiner sehen. Sollten doch alle denken, meine Schönheit sei von innen heraus gewachsen und ganz natürlich. Beim Schminken ist es wichtig, daß man nicht sieht, daß man geschminkt ist.

Ich trug eine etwas bräunliche Grundierung auf und stellte fest, daß ich doch recht blaß war. Ein wenig Sonne wäre nicht schlecht. Ich notierte mir in Gedanken den Sonnenbanktermin und korrigierte mit einem noch dunkleren Puder nach. Ich war zufrieden. Nun sah ich aus wie nach vier Wochen Mallorca. Macht nichts. Bräune wirkt gesund. Mein Doppelkinn war schlecht zu kaschieren, also betonte ich durch etwas Rouge meine Wangenknochen. Das macht schlank. Lippenstift drauf, denn meine Lippen sollten sinnlich wirken. Am besten das ‚Feuerrot' von ‚Margarete Astoria' oder wie die Frau im Fernsehen hieß, die immer so aufreizend die Lippen nach vorne stülpte. Oh, meine Augen! Ich trug ein leicht blau-silbriges Make-up auf, das zum Gestell meiner Sonnenbrille paßte. Ich betrachtete mich von allen Seiten und befand mich als gelungen. Als Gesamtkunstwerk konnte ich nun ohne weiteres mit allen Skulpturen griechischer Götter mithalten. Na gut, fast.

Ich entkorkte noch schnell eine Flasche Champagner und schüttete mir vorab schon ein Gläschen ein. Ein Schlückchen in Ehren, konnte ja niemand verwehren. Ich leerte das Glas in einem Zug. Ah, das tat gut. Ein wenig Mut konnte ich noch brauchen und goß mir erneut ein. Als die Flasche halb leer war, da merkte ich, daß mein Gang etwas unsicher war und stellte erst einmal das Glas weg. Ich hatte noch nichts gegessen und öffnete erwartungsvoll den Kühlschrank. Nur noch ein paar Scheiben Lachs und ein Arsenal an Champagnerflaschen begrüßten mich leicht schwankend. Ich sollte mal den Kühlschrank richtig feststellen, denn der schwankte mir entschieden zu stark. Ich notierte das in Gedanken. Ich griff nach dem Lachs, der nicht mehr ganz frisch war, und machte mir ein paar Lachsschnittchen. Nur die Champagnerflasche unter meinem Arm störte mich doch sehr. Huch, die war ja leer! Wer hatte die wohl getrunken? Oder war die undicht? Ich schaute auf den Boden in Erwartung eines nassen Flecks, fand jedoch nichts.

Ich öffnete eine neue Flasche und probierte direkt. Okay, der schmeckte auch gut. Aber nun bekam ich doch Angst. Ich wohne im dritten Stock und das Haus begann sich langsam zu drehen. Das gab doch Risse in den Wänden! Es wird doch kein Sturm sein? Ich schaute aus dem Wohnzimmerfenster auf den Balkon. Nein, ruhiges, leicht bewölktes Wetter. Ich mußte mal mit dem Hausmeister sprechen. Ich notierte mir in Gedanken einen Termin beim Hausmeister.

Musik! Ach, was sollte ich nur auflegen? Mozart? Schubert? Kuschelrock? Nein, es sollten direkt die starken Geschütze sein. Also legte ich Billy Manilo - oder wie der Knabe mit der Triefstimme hieß - auf.

17

Das Licht! Ich kurbelte die Jalousien hinunter und zündete die rosafarbenen Kerzen auf dem siebenarmigen Kerzenleuchter an. Ich schnüffelte. Es war ein seltsamer Geruch in der Wohnung. Dagegen mußte ich was unternehmen. Immer diese Raucher! Es stinkt in der ganzen Wohnung nach kaltem Rauch. Ich schloß die Fenster und Türen und holte eine Flasche mit Raumdeo aus dem Besenschrank. ‚Paris Noir' war ein etwas dezenterer Duft, also sprühte ich direkt die halbe Flasche leer. Zwar tränten mir die Augen und ich bekam schlecht Luft, aber es stank wenigstens nicht mehr. Aber, wenn ich recht schnüffelte, dann mußte ich zugeben, daß das zu penetrant war. Ich zündete noch ein paar echt indische Räucherstäbchen an, die ich preisgünstig bei Adli oder wie immer der heißt, ergattert hatte. Das neutralisierte das Raumdeo. Herzhaft biß ich noch einmal in mein Lachsschnittchen und dann wurde alles schwarz.

Am nächsten Morgen erwachte ich auf dem Fußboden. Mehrere leere Champagnerflaschen waren fein säuberlich um mich herumdrapiert. Ich hatte einen Kopf wie ein Rathaus und mußte erst einmal mit Mühe meine Haare vom Teppich lösen. Seltsam, sie klebten irgendwic fest. Mein Schmuck hatte sich wohl um den Hals gewickelt und ich bekam schlecht Luft. Irgendwie war mir ziemlich elend zumute. Nachdem ich eine halbe Stunde kniend meine Toilette angebetet hatte, war mir besser. Der Lachs mußte wohl schon schlecht gewesen sein. Ich sah auf die Uhr und versuchte vergeblich meine steil abstehenden Haare zu bändigen.

Es war sieben Uhr! Ich mußte zur Arbeit. Leicht benommen ging ich, halb stolpernd, halb schwebend die Treppe herunter und sah im Autospiegel, daß mein Make-up ganz verwischt war. Mit der Sonnenbrille sah ich das zwar nicht so gut, aber häßlich war es trotzdem. Ich nahm das Fensterleder aus dem Handschuhfach und wischte mir damit durch das Gesicht. Da ich den Weg zur Arbeit schon im Schlaf fahren kann, war es kein Problem, in meinem angegriffenen Zustand sicher dorthin zu finden. Ich nahm weder den Streifenwagen wahr, noch die zahlreichen Radfahrer, die laut schimpfend zur Seite sprangen, wenn ich hupte. Sorry, ich mußte mich halt beeilen, wenn ich nicht zu spät kommen wollte. So fuhr ich etwas zügiger. Als ich auf dem Firmenhof ankam, folgten mir schon drei Polizeiwagen mit Blaulicht. So ganz sicher bin ich mir nicht über die Anzahl der grünen Wagen, denn ich nahm das nicht mehr so hundertprozentig wahr. Mit Mühe drängte ich die Polizisten zur Seite, die mir wohl helfen wollten auszusteigen und wankte zur Eingangstür der Firma. Als ich dann an meinem Schreibtisch saß, bin ich erneut ohnmächtig geworden. Ich sah nur noch, daß meine Arbeitskollegin die Bürotüre öffnete und einen Schreikrampf bekam.

Ich finde es nett von den Krankenschwestern, daß sie mir, nachdem mein Magen ausgepumpt worden ist und ich unter die Dusche gestellt worden bin, eine Schreibmaschine überlassen haben. Ich kann gar nicht verstehen, was da mit mir los war. Meine Haare waren wohl nicht mehr zu retten gewesen, denn irgendwie sind die mir alle ausgefallen. Man faselte etwas von Alkoholvergiftung, manisch-depressivem Verhalten und Amoklauf, aber damit war wahrscheinlich ein anderer Patient gemeint. Ich hatte doch nur eine Fischvergiftung. Fallen einem davon alle Haare aus? Kommt man deswegen unter das Sauerstoffzelt?

In vier Wochen werde ich entlassen und dann darf ich endlich dieses blöde Krankenzimmer verlassen. Stellt euch vor: Das hat noch nicht mal ein Fenster. Ich muß mal mit meinem Vertreter der Krankenversicherung reden. Ich habe zwar ein Einzelzimmer, aber der Komfort und der Service sind grauenhaft. Der Arzt meinte gestern in wohlwollendem Ton zu mir: "Ich denke, wir haben sie nun wieder stabilisiert. Sie neigen allgemein zu Übertreibungen und leiden unter Wahrnehmungsstörungen. Aber das wird schon noch."

Bekommt man Wahrnehmungsstörungen von einer Fischvergiftung, und wo um Himmels willen habe ich denn übertrieben? Ich werde nie wieder Fisch essen, das ist klar! Aber wo bekomme ich nun einen Teppich her? Und was sagt nur mein iranischer Verkäufer zu der ganzen Sache? Ich werde mich nach dem Krankenhausaufenthalt entschuldigen müssen, weil ich wegen einer Fischvergiftung unpäßlich war und den Termin nicht einhalten konnte. Aber so, wie ich jetzt aussehe, darf ich mich nicht bei ihm sehen lassen. Ich werde mich wohl vorher wieder neu anfummeln müssen.

Jojo und der Stricher
oder
Wie ich meine beste 'Freundin'
Bernadette kennenlernte

(Anmerkung des Autors: Diese Geschichte wird aus zwei Perspektiven erzählt. Einmal erzählt Jojo und dann Bernhard. Mädels, laßt euch also nicht verwirren!)

Da saß ich wieder einmal in der Kneipe und grübelte bei einer Tasse Kaffee über den Sinn des Lebens, die Männer und weitere unerklärliche Phänomene nach. Es war mal wieder Samstag. Im Lokal ließ es sich aber aushalten. Es war auch nicht allzu voll und die Stimmung eher gedämpft. Leise, ruhige Musik lief im Hintergrund. Der Wirt stand gelangweilt hinter der Theke und spülte Gläser. Ich beobachtete ihn geistesabwesend. Er sah auf und unsere Blicke trafen sich. Vom Weltschmerz gebeutelt zog ich eine Augenbraue hoch und seufzte.

Er grinste mich an: "Na Jojo, heute nicht gut drauf?"
Ich reagierte mit einer wegwerfenden Handbewegung, die mir etwas zu tuckig geriet.
"Ach, es geht so. Du kennst das Problem, Peter. Die Männer..."
Ich ließ den Satz vielsagend verklingen. Er nickte wissend und beschäftigte sich weiter mit seinen Gläsern. Es klingelte an der Kneipentür. Peter bewegte sich gemächlich zur Tür und öffnete sie, um einen jungen Mann hereinzulassen. Er hatte dunkle, kurze Haare und sah ansonsten so normal aus, wie man das in einer solchen Kneipe nur tun kann. Er setzte sich auf den übernächsten Barhocker und bestellte ein Pils.

Hallo, ich heiße Bernhard. Ihr kennt mich nicht, aber ich muß euch einfach mal eine Geschichte erzählen. Da ist mir doch letztens was passiert, was fast unglaublich ist. Es war Samstag und ich hatte noch Lust auf ein wenig Gesellschaft. Na, ihr wißt schon was ich meine. So ging ich in eine der Szenekneipen unserer Stadt und hoffte, da einen netten Mann zu treffen, der vielleicht Lust hatte, mit mir den Abend alleine zu verbringen. Ich war gut gelaunt und lief die paar Meter zum Lokal Es war zwar schwül aber das machte mir nicht viel aus. Ich genoß die letzten Sonnenstrahlen auf meiner Haut und ging gemächlich um die Ecke. Ich klingelte, und der Wirt

21

ließ mich hinein. Ich kannte ihn flüchtig, weil ich schon zwei- oder dreimal hiergewesen war. Ich sah mich um. Es war mäßig voll und die Stimmung war nicht gerade auf Hochtouren, aber bei dem Wetter war das verständlich. Ich entschied mich für einen Thekenplatz. Es waren reichlich Barhocker frei, und ich plazierte mich genau zwischen zwei Typen, die ich nicht kannte. Jeweils ein Hocker war zwischen uns noch frei. Der eine war ein blonder Traum. Er war etwa zwischen dreiundzwanzig und fünfundzwanzig Jahre alt und hatte ein schön geschnittenes Gesicht. Er war schlank, und soweit ich beurteilen konnte, wenig behaart. Er war der typische blonde Szenetyp mit dunklen Augenbrauen. Einfach geil! Der andere war nicht der Rede wert: Brille, Schnauzer und mindestens zehn bis fünfzehn Kilo Übergewicht. Seine dunkelblonden Haare verabschiedeten sich langsam von seinem fast runden Schädel. Ich schätzte ihn so auf fünfunddreißig. Er brütete über einer halben Tasse Kaffee und machte nicht den Eindruck, als wäre er heute sehr fröhlich. Er warf mir einen abschätzenden Blick zu, den ich kalt erwiderte. Der kam von vornherein nicht in Frage. So wandte ich mich meinem linken Nachbarn zu und warf ihm einige vielsagende Blicke hinüber.

‚Jojo', dachte ich, ‚der Typ ist deine Kragenweite.'
Ich warf ihm einen vielsagenden Blick zu, von dem ich dachte, daß er Männerherzen schmelzen lassen müßte, aber der Typ sah mich an, drehte dann einfach seinen Kopf weg und stierte seinen linken Nachbarn an, der fast so aussah, als wäre er einem Stricherclub entsprungen. Mann, bei dem Typen fehlte nur noch das Preisschild um seinen dünnen, geschminkten Hals. Aber wenn der Mann neben mir keine Augen für mich hatte und lieber mit einem Stricher abzog, dann sollte er doch glücklich werden mit ihm. Ich winkte Peter zu, er solle mir noch eine Tasse Kaffee bringen und kramte umständlich meine Zigaretten raus. Dabei übersah ich geflissentlich mein Feuerzeug in der Tasche. Ich nahm einen Stengel aus der Packung und steckte ihn mir in den Mund. Der Traumtyp neben mir hatte das gesehen, aber er reagierte nicht. Im Gegenteil, er machte eine arrogante Kopfbewegung und drehte sich wieder weg.
‚Idiot! Dir ist anscheinend nicht zu helfen', dachte ich. ‚Dann werde doch mit deinem Schönling glücklich!'

‚Himmel, der dickliche Typ neben mir nervt aber', dachte ich.

Jetzt hatte er voll den Bagger angestellt. Die alte Masche mit dem ‚Hast du mal Feuer?' wollte er mit mir abziehen. Dabei traute er sich nicht mal, mich zu fragen. Ich sollte selber sehen, daß er Feuer braucht und den Gentleman spielen. Ekelhaft! Ich drehte mich demonstrativ weg zu meinem blonden Traum und grinste innerlich, weil ich mir gerade das dümmliche Gesicht mit der Zigarette im Mund vorstellte.

Mein blonder Traum hatte mir gerade zugelächelt. Er setzte sich direkt einen Hocker weiter zu mir hinüber und stellte sich vor.

"Hi, ich heiße Walter."

"Kommst du öfter her?" fragte ich neugierig.

"Nein, ich verkehre hier nicht so oft, aber heute hat es sich doch offensichtlich gelohnt."

Er lächelte mich vielsagend an. Mir ging das Herz auf. Er hatte tatsächlich Interesse an mir. Ich sah, daß sein Glas leer war und bestellte direkt ein neues Pils für ihn mit. Sein Lächeln wurde noch wärmer. Er rückte näher, ergriff meine Hand und hauchte mir einen Kuß auf meine linke Wange. Der Abend war gerettet. Ich drückte seine Hand und drehte ihm mein Gesicht zu. Er verstand die Aufforderung und gab mir noch einen Kuß auf den Mund.

Jetzt fingen die auch noch an zu knutschen. Ich schaute demonstrativ auf meinen Kaffee. Peter hatte sich inzwischen erbarmt und mir Feuer gegeben. Ich zog an der Zigarette und atmete den Rauch tief ein. Ob der nicht merkte, mit was für einem Typen er zugange war? Oder wollte er das so? Ich weiß es nicht, und es war mir auch egal. Ich schrieb den Typen ab. Er war alt genug, um zu wissen was er tat. Ich grübelte wieder über das Leben und die Männer und war bestimmt nicht viel glücklicher als vorher. Peter versuchte mich durch ein wenig Plauderei aufzuheitern, aber das gelang ihm nicht, denn in den Augenwinkeln sah ich weiterhin das knutschende Paar. Das war nicht so besonders aufmunternd.

‚Geiles Gefühl ihn im Arm zu haben', dachte ich.

Er rückte näher und flüsterte mir ins Ohr: "Sollen wir zu dir gehen? Ich mache alles mit, nur safe muß es sein. Für dich mache ich einen Extrapreis."

Ich erstarrte. Mein Herz fing an zu klopfen. Das hatte ich noch nie erlebt. Ich war an einen Stricher geraten! Nein, das wollte ich nicht! Ich ging nicht für Geld mit anderen Männern ins Bett. Aber wie sollte ich ihm das klar machen?

23

Ich sah in den Augenwinkeln, daß der Szenetyp meinem Nachbarn etwas ins Ohr flüsterte. Dabei sah er mich an und zwinkerte mir zu. Eine Frechheit war das! Mein Thekennachbar tat mir leid. Es mußte ein bedeutungsvoller Satz gewesen sein, denn er wurde auf einmal ganz starr. Ich leitete mein Interesse nun ganz auf das Geschehen an meiner Seite und erwartete mit Spannung, was nun weiter passieren würde. Mein Nachbar sagte etwas zu seinem Lover und stand auf. Im Spiegel beobachtete ich, wie er sich in Richtung Toilette begab. Unsere Blicke trafen sich für einen Augenblick.

*Ich muß mal kurz verschwinden... Ich komm' gleich wieder",
sagte ich zu dem Stricher. Ich stand wie betäubt auf und schlenderte betont lässig zur Toilette. Im Spiegel sah ich den neugierigen Blick meines anderen Nachbarn. Da kam mir die Idee. Ich sah ihn verzweifelt an, nickte unmerklich mit dem Kopf in Richtung Toilette, dann drehte ich mich wieder weg und ging ohne mich weiter umzuschauen durch die Toilettentür.*

Er warf mir einen seltsamen Blick zu und verschwand in der Toilette. Ich war mir nicht ganz sicher, aber ich deutete die leichte Kopfbewegung wie eine Aufforderung, ihm nachzukommen. Was hatte ich zu verlieren? Ich konnte höchstens als zu aufdringlich wirken, wenn ich ihm ungebeten nachkam. Aber was soll das eigentlich? Ich kann doch schließlich auf Toilette gehen wann ich will, oder? Ich fand, daß genug Zeit verstrichen war, damit es nicht auffiel, stand so selbstverständlich wie möglich von meinem Barhocker auf und ging mit festem Schritt hinterher. Ich öffnete die Tür und erwarte eigentlich nicht, daß ich jemanden sah. Mein Vorgänger war aber in einer Kabine verschwunden. Als er die Toilettentür hörte, da öffnete sich die Kabine. Er sah mich an. Ich blieb erwartungsvoll stehen.

*Es war mir peinlich, daß ich nun die Hilfe eines Anderen brauchte, um diesen Stricher loszuwerden. Ich wartete ungeduldig in der Kabine und betete, daß er kommen würde. Die Tür ging auf und wieder zu. Ich hörte zögernde Schritte. Ich öffnete die Kabine und da stand er auch schon vor mir. Gott sei Dank war er mir nachgekommen. Wie sollte ich ihm nun meine Bitte mitteilen?
Ich stammelte: "Entschuldigung, aber ich wollte mal fragen, ob ich deine Hilfe in Anspruch nehmen kann. Ich bin da eben an einen*

üblen Typen geraten und möchte den möglichst schnell wieder los werden. Kannst du mir da helfen?"

Ich hörte seine Bitte und wurde ganz aufgeregt. Endlich passierte hier mal etwas. Ich vergaß mein Interesse an diesem Mann und widmete mich ihm nun von der menschlichen Seite.

"Klar! Aber wie hast du dir das vorgestellt? Ich habe wohl gemerkt, daß der etwas zu schnell rangegangen ist und jetzt erzähl' mir nicht, daß das kein Stricher ist. Wahrscheinlich hat er dir gerade seinen Preis genannt."

Ich redete mich in Rage.

"Ich helfe dir gerne, aber eigentlich hättest du es verdient, von mir mit Mißachtung gestraft zu werden. Genau derselben arroganten Mißachtung, mit der du mich eben gestraft hast..."

Der Typ konterte schnell: "Hehehe, einen Moment mal! Und nicht so schnell mit den jungen Pferden. Wer hat mir denn eben diese ekelhaften und lüsternen Blicke zugeworfen und mich mit den Augen ausgezogen?"

Ich war verblüfft. Das hatte ich nicht erwartet.

"Ich habe dich mit meinen Blicken ausgezogen? Junge, schau' demnächst mal etwas besser hin!"

Er konterte weiter: "Und wer hat eben den uralten Zigaretten-Anmachertrick benutzt, um mit mir ins Gespräch zu kommen?"

Ich war wütend, drehte mich um und sprach noch beim Hinausgehen mit erhobenem Haupt gegen die Wand: "Wenn das so ist, dann hilf dir doch selbst!"

Da flog mir noch ein ,Arschloch' hinterher und ich war wieder draußen. So ein Mistkerl!

So ein Mistkerl!
Aber, was hatte ich nun davon? Er war verschwunden und mein Problem saß immer noch vorne an der Theke und erwartete, daß ich es kaufte. Ich mußte mich nun alleine dem Problem stellen. Ich verließ mit festem Schritt die Toilette und setzte mich energisch auf meinen Barhocker. Ich versäumte es aber nicht, meinem dicklichen Thekennachbarn im Vorbeigehen einen besonders giftigen Blick zu verpassen. Meinem Stricher lächelte ich verlegen zu. Er hatte uns beiden noch ein Pils bestellt. Natürlich auf meine Kosten. Er machte wieder Anstalten, sich mir anzunähern. Seine Hand wanderte in meinen Schritt. Ich zuckte zusammen und schlug die Beine übereinander.
"Nicht hier!" zischte ich. Er ließ nicht locker.

"Hast du es dir denn inzwischen überlegt? Hast du Lust?"
Nun hatte ich die Chance zu verneinen.
"Ach weißt du, ich habe momentan einfach keine Lust."
Er grinste und sagte dann lapidar: "Okay, dann bleiben wir eben
noch etwas hier und trinken noch ein paar Pils zusammen."
Ich seufzte innerlich und war ganz froh wegen meines Teilsieges.
Der Rest würde sich schon irgendwie ergeben.

Ich grummelte in meine halbleere Tasse Kaffee. Aber irgendwie tat mir der Typ leid. Ich mußte etwas tun. Er hatte mich zwar tief getroffen mit seinen Anschuldigungen, aber ich war mal in einer ähnlichen Situation und wurde auch mit einem anhänglichen Stricher nicht fertig. Ich wußte also, wie er sich fühlen mußte. So entschloß ich mich, zu handeln.

Als der Lustknabe seine Hand in den Schritt des Typen legen wollte, wurde ich tätig. Ich zählte leise bis zehn, stand entschlossen auf und ging zu dem Typen rüber. Ich klopfte ihm auf die Schulter und setzte mein freundlichstes Lächeln auf.
"Entschuldige bitte, wenn ich störe, aber du bist doch Michael, oder nicht?"
Er brauchte einen Augenblick um zu schalten und sagte dann erleichtert: "Ja, ich heiße Michael... wieso? Kennen wir uns?"
Ich grinste ihn an: "Klar kennen wir uns. Du hattest zwar eine Menge getrunken vor einer Woche, aber, daß du dich gar nicht mehr an mich erinnerst? Tsss!"
Ich tat beleidigt. Er überlegte schnell und dann stieß er hervor:
"Hugo? Ach, Mensch Hugo, ich hatte wohl einen Blackout. Entschuldige, daß ich dich nicht sofort erkannt habe."
,Hugo!' ein häßlicherer Name fiel ihm nicht für mich ein? Na warte! Ich werde es dir schon geben. Ich lächelte noch betörender.
"Ja, nun erinnerst du dich doch noch."
Ich blickte seinem lästigen Freund in die Augen und grinste ihn frech an.
"Willst du mir nicht deinen charmanten Freund hier vorstellen?"
Wenn Blicke töten könnten, dann wäre ich auf der Stelle in ein Aschehäufchen zusammengesunken.
"Ähm, das ist..."
Der Stricher half ihm und schob seinen Namen dazwischen:
"Walter, ich heiße Walter."
Ich mußte noch einen draufsetzen: "Ach Walter, freut mich, dich kennenzulernen. Ihr kennt euch wohl schon länger, was? Tja, ich

war mir nicht sicher, ob du es bist, Michael, denn vor einer Woche warst du ja in einem entzückenden Fummel hier." Der vermeintliche Michael fiel fast vom Barhocker, aber bremste sich noch im letzten Moment. Er schluckte und erwiderte bissig: "Tja, so kann das kommen. Meine Maskerade war wahrscheinlich nicht so gut, was? Wenn du mich auch ohne Fummel erkennst..."

Diese dicke Kuh leistete sich eine Frechheit nach der anderen. Der Stricher warf jedem von uns einen fragenden Blick zu. Ich vermutete, daß er zwar ahnte, daß da etwas Krummes lief aber er konnte es letztendlich nicht genau wissen. Gut! Dann sollte nun der nächste Seitenhieb von mir kommen.

"Ja Hugo, wenn du mir letzte Woche nicht so lüsterne Seitenblicke zugeworfen hättest, dann wären wir wahrscheinlich nicht bei dir zu Hause gelandet. Und da du kein Licht bei dir in der Wohnung angemacht hast, hast du mich zwar abgefummelt gesehen, aber leider nicht so deutlich wie jetzt." *Er kochte vor Wut. Ich kicherte in mich hinein.*

Äußerlich setzte ich die beste Unschuldsmiene auf, die ich drauf hatte. "Um so trauriger, daß Alkohol so eine schlimme Wirkung auf dich hatte, Michael. Ich habe immer noch einen Tennisarm vom Kurbeln." Innerlich jubelte ich wegen meines Erfindungsreichtums.

Ich glaubte, mich träfe der Schlag. Nun war es zuviel. Ich lächelte diesen ‚Hugo' freundlichst an und bemerkte nur noch: "Es kommt ja auch immer darauf an, wer kurbelt..."

Ich schluckte und unterdrückte meine innere Wut so gut ich konnte. Nachdem ich diesen Tiefschlag verdaut hatte, schloß ich mit den Worten: "Tja, dann wünsche ich euch noch einen schönen Abend. Mein Kaffee wird kalt. Ich werde mich mal wieder an meinen Platz..." Die kleine Giftspritze unterbrach mich. "Moment mal, ich bin dir doch noch ein Getränk schuldig, oder?" Ich überlegte und fand ein Getränk als Wiedergutmachung für diese Beleidigungen ganz akzeptabel. Ich war wieder besänftigt und beschloß, nun den Rettungsanker auszuwerfen. "Du hast aber ein Glück, daß du dich daran erinnerst."

Ich grinste, und er bestellte mir einen neuen Kaffee. Nun kam das Finale: "Weißt du, Michael, ich muß dir noch etwas beichten." Er ging innerlich in Deckung. Ich sah seinen verzweifelten Blick, weil er wieder eine häßliche Bösartigkeit von mir erwartete. Da hatte er auch recht. Aber diese Bösartigkeit würde ihn retten. Nach einer Kunstpause fuhr ich fort.

"Es war zwei Tage vor unserem One-Night-Stand. Ich war da mit einem Typen zusammen, der nicht ganz sauber war." Er schaute mich fragend an, sagte jedoch nichts. Ich erläuterte es. "Ach, du verstehst schon. Der hatte Mitbewohner in der Hose." Er wurde blaß und schluckte. "Michael, du brauchst jetzt nicht erschrocken zu sein." Jovial legte ich meine Hand auf seine Schulter. Er blickte sie an, als ob er sie gleich abbeißen würde. Schnell zog ich sie zurück. "Es sind nur normale Sackratten gewesen. Ich habe nach unserem Erlebnis ein wenig Zeugs draufgeschmiert und dann ging es wieder. Hast du denn noch nichts gemerkt? Ich meine das ja nicht böse, aber ich finde das fair von mir, wenn ich es dir sage, denn ich habe bemerkt, wie du dich eben auf der Toilette so heftig gekratzt hast." Er war sprachlos.

Diese elende Giftspritze von einer Tucke! Jetzt dichtet mir dieser Kerl auch noch Sackratten an. Aber es wirkte. Mein käufliches Anhängsel sah mich an, als hätte ich die Pest. Er ließ fast sofort von mir ab. Er düste ab in Richtung Toilette, wahrscheinlich, um sich die Hände zu waschen. Wir schwiegen und warteten ab, was geschehen würde. Mein lästiges Anhängsel kam wieder heraus, schnappte sich seine Jacke und verschwand ohne ein Wort. Die dicke Giftspritze und ich sahen uns erstaunt an, und dann brachen wir in ein infernalisches Gelächter aus.

Wir sahen uns einen Augenblick an und dann lachten wir, daß sich die Balken bogen. Peter, der Wirt, schaute erstaunt zu uns herüber. Wir fielen uns gegenseitig in die Arme und lachten. Nach etwa zehn Minuten trocknete ich meine Tränen und setze mich wieder gerade auf den Hocker.

Der dickliche Typ kicherte noch vor sich hin, setzte sich dann aber neben mich.
"Danke!"
Er sah mich an und blinzelte.

"Keine Ursache, es war mir ein Vergnügen."
Ich grinste: "So, du alte vertrocknete Giftspritze namens Hugo...
Ich habe ein ernstes Wörtchen mit dir zu reden. ICH HABE KEINE
SACKRATTEN!"
Wir brachen wieder in homerisches Gelächter aus. Ich glaube
Peter, der Wirt, überlegte einen Augenblick, ob er uns für ganz
normal halten sollte. Das halbe Lokal sah sich nach uns um. Der
Dicke hatte sich ausgelacht und sagte ebenso laut: "UND ICH
HEIßE NICHT HUGO!"
Ich konterte etwas leiser: "Und ich gehe nie im Fummel aus."
Wir konnten uns nicht beruhigen. Es wurde noch ein lustiger Abend
mit dieser alten, dicklichen Tucke. Ich merkte immer mehr, daß ich
ihn mochte. Er heißt eigentlich Jojo und ist echt nett. Wir sind
inzwischen dicke Freunde, und wer weiß, vielleicht wird noch mehr
daraus im Laufe der Zeit. Ich mag ihn jedenfalls sehr.

Tja, das war dann die Geschichte mit diesem fürchterlich arroganten und nur auf Äußerlichkeiten bedachten Szenetyp, den ich
Michael nannte, der aber in Wirklichkeit Bernhard heißt und fortan
nur noch Bernadette von mir genannt wird. Wir haben noch lange
zusammengesessen und auch ernsthaft geredet. Er ist echt nicht so
arrogant, wie es im ersten Augenblick scheint. Eigentlich ist er
unheimlich nett. Ich mag ihn sehr. Vielleicht, ja vielleicht wird
noch einmal mehr daraus. Die Zeit wird es zeigen.

Jojo und der Ex

Man könnte meinen, daß ich in meinem hohen Alter von... na immerhin... oder lassen wir das besser, denn mit allzu genauen Zahlen will ich euch nicht langweilen, ...also, daß ich in meinem Alter eigentlich wirklich vernünftiger sein sollte. Aber auch wenn es manchmal nicht zu begreifen ist, es ist nicht so. Ja, ich gebe es zu: Ich kann mich irren. Und wie ich das kann. Aber ich erzähle die Geschichte mal von vorne.

"Liebchen, Schatz, Bernadettchen... was ist mit dir?"
"Ach laß mich. Mir geht es nicht gut, ich habe meine Midlifecrisis."
"Unsinn, du hast höchstens deinen Eisprung."
"Sei nicht so ruppig zu mir. Sei lieber nett. Ich tu mir sonst noch etwas an, wenn du mich in meinen Depressionen unterstützt."

So hatte ich meine allerbeste Freundin Bernhard noch nicht erlebt. Wir saßen an diesem lauen Sommerabend auf meinem Balkon und grübelten mehr als es der gemeinen Stadttucke gut tat. Ich dachte einen Moment nach und dann sprang ich auf.
"So, nun pack' deinen Luxuskörper, wir gehen etwas essen."
"Was denn? Jetzt? Ich habe gar keinen Hunger."
"Unsinn, jeder hat immer Hunger. Los, bewege deine Glieder."
"Du meinst wohl, daß du immer Hunger hast. Wo willst du denn hin?"
"Es hat da ein neues Bistro aufgemacht. Das ist unter der Regie von Gleichgesinnten und ich habe gehört, daß man dort vorzuglich speisen kann. Essen hält Leib und Seele zusammen."

Bernhard warf einen fast schon beleidigenden Blick auf meinen Bauch und meinte: "Wenn ich das richtig sehe, geht durch Essen und Trinken der Leib auseinander."
"Giftnudel! Los pack' dich!"

Wir rafften uns auf und stiegen in meinen STK (schwerer Tuckenkreuzer). Irgendwie mußte ich die arme Seele, die trübsinnig neben mir kauerte, doch getröstet bekommen. Ich versuchte es mit der ,mir geht es auch nicht gut' - Tour.

"Weißt du, ich verstehe, wenn du traurig bist. Aber mir geht es auch nicht gut. Seitdem ich Jan vor die Tür gesetzt habe, hat sich bei mir alles zum Schlechten gewandt."

Bernhard sah mich strafend von der Seite an.

"Wenn du mir jetzt mit dieser Masche kommst, dann werde ich sauer. Du mußt gerade jammern. Hast eine schöne Wohnung, ein tolles Auto, eine Beziehung, die zwar kurz, heftig und vorbei ist, aber du hast wenigstens etwas, woran du denken kannst. Bei mir tut sich gar nichts."

Ich setzte den Blinker und fuhr links Richtung Altstadt.

"So kannst du das nicht sehen. Ich bin froh, daß ich diesen Menschen zum Teufel gejagt habe und genieße die Freiheit. Du hast ja gar keine Ahnung, was dieser Typ mir alles angetan hat. Darum brauchst du mich nicht zu beneiden. Aber wenn du es unbedingt willst, dann darfst du mich ein wenig beneiden. Das ist gut für mein Selbstwertgefühl."

Ich suchte einen Parkplatz und mit ein wenig Glück fand ich auch gleich einen am Ende der Kneipenmeile. Wir stiegen aus und wanderten gemütlich die Häuser entlang, bis wir an ‚Josefs Bistro' ankamen. Dort unter Bäumen, vor dem Lokal, nahmen wir Platz und machten es uns gemütlich. Ich bestellte etwas zu essen und so redeten wir. Ich mußte nur aufpassen, daß mir nicht der Teller wegschwamm, während Bernadette über sein schweres Leben jammerte.

Irgendwann waren wir fertig. Bernhard mit dem Jammern und ich mit dem Essen. Die Gute hatte sich nämlich geweigert etwas zu essen und mir die ganze Zeit zugesehen.

"Irgendwie ist mir nun besser."

"Siehst du, ich habe es doch gesagt: Essen hilft."

"Aber du hast doch alleine gegessen. Wie sollte mir das Essen geholfen haben?"

"Sieh es einfach so: Wenn ich das alles auf nüchternen Magen ertragen hätte müssen, das wäre zu grausam gewesen."

"Pöh! Was machen wir jetzt?"

Ich legte das Besteck beiseite und winkte dem Kellner. Er räumte ab und Bernadettes Blicke auf sein strammes Hinterteil waren nicht zu übersehen.

31

"Bernhard! Nun reiß dich doch zusammen. Ich weiß was! Wir gehen nun in die Szene und suchen dir einen netten Mann für heute Nacht."

"Wer sollte mich schon wollen?"

Darauf sagte ich nichts, sondern winkte dem Kellner und nutze die geile Besinnungslosigkeit von meiner allerbesten Freundin schamlos aus. Bernhard mußte bezahlten, weil ein therapeutisches Gespräch eben nicht umsonst sein kann. Wir packten unsere sieben Sachen und zockelten von dannen. Es waren nur etwa hundert Meter bis zu unserer Stammkneipe.

Gut gelaunt traten wir ein. Das erste, was ich sah und was mir einen gehörigen Schreck in die Glieder fahren ließ, war Jan. Ich hörte noch ein ,Oh, oh!' von Bernhard und dann sah ich bunte Ringe in der Luft schweben, Vögel zwitscherten und ein Engel durchwanderte den Raum. Natürlich nicht wirklich, aber komisch fühlte ich mich schon. Ich bemerkte, daß es Jan nicht anders ging. Der Kerl machte sich noch nicht mal die Mühe mich zu ignorieren, sondern kam auf mich zu. Ich stand noch immer kurz hinter der Eingangstür wie angenagelt herum und Bernhard hinter mir. Mit einem ,Hallo!' stürzte sich Jan in meine Arme und ich Idiot nahm ihn herzlich auf.

Oh, wie gut tat es, ihn wieder in den Armen zu halten. Vor sechs Monaten erst hatte ich ihn mehr oder weniger mit Gewalt vor die Tür gesetzt und gezwungen auszuziehen, nachdem ich bemerkte, daß er mein Leben in ein Trümmerfeld verwandelte. Ich hatte mir geschworen ihn nie wieder anzusehen, geschweige denn mit ihm zu reden. Ich hatte damit gerechnet, daß auch Jan das so halten würde. Naja, insoweit war ich meiner Maxime treu geblieben. Wenn ich ihm im Arm halte, dann kann ich ihn nicht so direkt ansehen. Und geredet haben wir in dem Moment auch nicht.

Bernhard räusperte sich laut.

"Sagt mal, wollt ihr hier nun den ganzen Abend den Eingang blockieren mit eurem Schaubild der schmachtenden Tucken?"
Ich wachte auf und entließ Jan aus meinen Armen. Langsam und noch etwas benommen steuerten wir einen freien Stehtisch an. Bernadette griff sich einen Barhocker und setzte sich. Ich baute mich daneben auf mit Jan direkt auf Tuchfühlung.
Leise sagte er: "Schön dich zu sehen."

Er besaß tatsächlich die Dreistigkeit so zu tun, als ob vor sechs Monaten nichts gewesen wäre. Auch ich verspürte ein seltsames, aber vertrautes Gefühl und konnte es nicht glauben. Ich liebte diesen Mistkerl noch immer. Der Kellner kam vorbeigehuscht und wollte die Bestellungen aufnehmen. Bernhard bestellte ein Wasser mit den Worten, daß er nun einen klaren Kopf behalten müsse. Was er damit meinte war mir klar, doch ich bestellte ein großes Bier. Jan druckste bei der Bestellung etwas herum und ich verstand.

"Hast du kein Geld?"

Er nickte schuldbewußt und dann sagte er: "Ich wollte sowieso gerade gehen, kurz bevor du kamst. Ich bin blank."

Süß, wie er so schuldbeladen den Kopf senken konnte. Ich kannte das. Er hatte nie Geld. Ich habe mir irgendwann geschworen, darauf nicht mehr hereinzufallen und ihm nie wieder etwas auszugeben. Die Zeiten waren endgültig vorbei.

"Und noch ein großes Pils für den jungen Mann hier", bestellte ich inkonsequente Kuh beim Kellner. Dieser drehte sich um und verschwand. Ich mußte Bernhard anschauen, der mich gerade ansah, als wäre ich die leibhaftige Erscheinung der Jungfrau Maria.

"Nur dies eine Mal", bemerkte ich noch schnell, aber es war zu spät.

Jan beugte sich zu mir herüber und gab mir einen dicken Kuß auf den Mund.

"He, danke sehr! Dann bleibe ich noch ein wenig."

Bernhard seufzte herzzerreißend.

"Na, wie geht's dir denn so?" eröffnete ich das Gespräch. "Ganz gut! Und dir?"

"Auch gut."

"Wieder neu befreundet?"

"Nein, und du?"

"Nein, es war bis jetzt nur so dies und das, aber nichts Besonderes."

"Wenn ich ehrlich bin, dann hatte ich noch einiges an unserer Beziehung zu knabbern."

"Naja, ich auch." Er rückte näher.

"Bernhard, meine beste Freundin, die kennst du?"

"Ja, du hast mir schon von ihm erzählt."

Er rückte noch näher und schlang seinen Arm um meine Hüfte. Ich beschloß das zu ignorieren und legte meinen Arm ebenfalls um seine Hüfte. Irgendwie tat das gut. Bernhard beschloß das ebenfalls zu ignorieren und bemerkte: "Wenn Jojo etwas über mich erzählt hat, dann kann das nichts Gutes gewesen sein."

Ich räusperte mich empört. Jan schaute Bernhard mit seinen dunkelbraunen Kuhaugen an und kicherte: "Ach, so schlimm war es nicht. Damals hatten wir auch eine Menge anderer Sachen zu tun, als über Jojos Freunde herzuziehen."
"Ja, damals...", seufzte ich schwermütig.
Bernhard bekam Panik in den Augen. Jan sah mich betörend an und kam mit dem Gesicht immer näher. Unsere Lippen berührten sich und ich vergaß alles um mich herum.

Als ich wieder zu mir kam, sah ich den Kellner, wie er gerade die Gläser abstellte. Ich hielt Jan fest im Arm und tat so, als wäre nichts passiert. Aber es war eine Menge passiert. Bernhard erhob sein Glas und sagte: "Trinken wir auf die Vernunft!"
Jan und ich erhoben unsere Gläser und er sagte: "Auf die Liebe!"
Bernhard, der schon trank hätte beinahe sein Wasser über den Tisch geprustet. Ich klopfte ihm beruhigend auf den Rücken.
"He, du mußt langsam trinken."

Jan schwang sich in meine Arme und nun stand er mit dem Rücken zu Bernhard. Ich schaute Bernhard über Jans Schulter an. Jan drückte sich noch enger an mich und wir legten die Wangen aneinander. Bernhard griff panisch einen Stapel Bierdeckel und einen Stift aus seiner Jackentasche. Dann kritzelte er einen Bierdeckel voll und hielt ihn mir vor die Nase. Jan, der mit dem Rücken zu ihm stand, bekam davon nichts mit. Ich konnte mühsam die Worte ‚Willst du das wirklich?' lesen. Ich machte einen verwirrten Gesichtsausdruck. Ich wußte es nicht. Ich wußte nicht, wohin das führen würde und ob es gut sei.
Jan seufzte mir ins Ohr: "Oh, wie habe ich das vermißt!"
Und dann drückte er mir einen dicken Kuß auf die Lippen. Als er seine Zunge aus meinem Mund entfernte und ich wieder mit dem Kopf auf seiner Schulter ruhte, hielt mir Bernhard einen neuen Deckel vor die Nase. ‚Es mag dich!' stand darauf und schon hielt er einen weiteren Deckel hoch. ‚Tu was du willst' und ein weiterer Deckel sagte: ‚Denk nicht an morgen.'

Nachdem ich nun von Bernhard die Absolution erteilt bekommen hatte, schnappte ich mir Jan und küßte ihn innig zurück. So ging das noch ein oder zwei Stunden. Mittlerweile wurde mir die Show, die wir dem Kneipenpublikum boten, etwas zu anzüglich. Auch bemerkte die Wirtin laut durch den Raum, daß sie gleich überall abrechnen kommen würde, weil nun Feierabend sei. Ich schaute benommen auf die Uhr. Es war schon fast drei Uhr.

"Oh mein Gott, ich habe gar nicht bemerkt, wie die Zeit vergeht."

"Kann man ja auch nicht, wenn man sich hier als Oralhygieniker betätigt. Na? Ist alles schön sauber geworden in Jans Mund?"

"Alte Giftspritze!"

Wir rechneten ab und dann standen wir draußen vor der sich hinter uns schließenden Kneipentür. Jan und ich schauten uns verliebt in die Augen.

"Und was jetzt", fragte Bernhard herausfordernd. "Du kannst nicht mehr mit deinem Auto fahren. Ich mache euch einen Vorschlag. Wir gehen zum Taxistand und dann fahre ich euch nach Hause. Entweder zu dir nach Hause oder zu Jan. Das müßt ihr mir schon sagen."

Ich war perplex. Was sollte ich tun? Jan war auch etwas unsicher. Bernhard forcierte die Geschichte also noch. Na gut, dann entschied ich mich.

"Sag' mal Jan, du wohnst doch jetzt in diesem Haus mit den vielen kleinen Studentenbuden. Können wir denn da überhaupt ungestört sein?"

Jan schaute mich erfreut und etwas überrascht an.

"Man kann ungestört sein. Jeder hat ein abschließbares Zimmer. Toilette und Dusche sind auf dem Flur. Wollen wir zu mir?"

Ich dachte einen Augenblick nach und dann sah ich Bernhards Augen.

"Du bist es schuld", sagte ich zu ihm, dann zu Jan gewandt: "Gut, zu dir! Gibt es Frühstück?"

"Ja, aber vielleicht..."

Bernhard fuhr dazwischen: "Gut, dann wäre ja alles klar. Da drüben ist ein Taxi. Los Kinders, laßt es nicht entwischen."

Bernhard spurtete los und hielt es auf. Wir stiegen ein. Erst fuhr das Taxi uns natürlich zu Jan, wo sich die gute Bernadette verabschiedete und mit dem Taxi weiterfuhr.

Was soll ich groß ins Detail gehen? Was dann geschah, daß könnt ihr euch sicher denken. Ich vermute, da müßt ihr eure Phantasie nicht groß anstrengen. Es war jedenfalls wie früher, wenn nicht sogar noch besser. Ich will euch nicht mit Details langweilen, aber um kurz nach 6 Uhr schlief Jan sanft in meinen Armen ein. Was an der ganzen Geschichte so schlimm war? Bis jetzt noch nichts. Bis jetzt hört sich das alles an wie eine Geschichte aus einem billigen Kitschroman. Aber wenn ihr gedacht habt, daß es damit erledigt sei, dann wartet ab. Das dicke Ende sollte noch kommen.

Ich ahnte ja nicht im geringsten, was mich erwartete, als ich aufwachte und einen deutlichen Drang verspürte die Toilette auf dem Flur zu besichtigen. Ich wand mich aus Jans Armen und stand auf. Benommen schaute ich mich um. Seine wenigen Möbel paßten gerade in dieses kleine, kaum zwölf Quadratmeter große Zimmerchen. Aber durch die Enge war es nicht ungemütlich.

Ich wankte zur Tür und öffnete sie. Mein Gott, sie war gar nicht abgeschlossen gewesen. Wenn nun jemand hereingekommen wäre, während wir... Ich verdrängte den Gedanken. Aber als ich wieder ins Zimmer trat drehte ich den Schlüssel zweimal herum und fühlte mich sicher. Erleichtert legte ich mich wieder ins Bett neben den schlafenden Jan und war schnell wieder eingeschlafen.

Die Türglocke schellte höllisch laut. Ich erschrak fürchterlich. Es war ein Geräusch zwischen klingeln und lautem Brummen, aber sehr, sehr laut. Jan wurde fast sofort wach.
"Um Himmels willen!"
In Panik fragte ich: "Erwartest du jemanden?"
"Meine Mutter..."
Es war, als wäre mir mein Handtäschchen gestohlen worden. Ich fiel mit dem Kopf auf das Kissen zurück.
"Oh mein Gott, laß mich unsichtbar werden oder besser noch: gar nicht da sein."

Meine Ex-Schwiegermutter hatte alle Eigenschaften, die man in bösen Witzen über diese nahen, aber doch nicht Blutsverwandten erzählt. Sie haßte mich und ich haßte sie. Damals war ich der Kerl gewesen, der ihr ihren Sohn wegnahm und es verging kein Tag, an dem wir nicht irgendwie mit ihr zu tun hatten.

Später dann, da war ich der Kerl, der ihr ihren Sohn wiedergegeben hatte - zwangsweise. Ich kann mir vorstellen, daß sie darüber vielleicht sogar unglücklicher war, als über die Tatsache, daß sie ihren Sohn los wurde. Kein Wunder, daß unser Verhältnis ein wenig gespannt war. Wenn wir in einem Raum waren, dann war das so, als würde man auf einer tickenden Zeitbombe sitzen. Und nun das. Nun war ich so bescheuert gewesen mich mit Jan wieder einzulassen, war mit in seine Wohnung gegangen und dann kreuzte auch noch unverrichteter Dinge seine Mutter auf und wollte ihn ausgerechnet jetzt besuchen. Wenn die mich hier sehen würde, dann würde in diesem Haus kein Stein mehr auf dem anderen bleiben. Das wußte auch Jan. Ich fürchtete um mein Leben und Jan um seine Möbel.

"Mach dir keine Sorgen, die hat keinen Schlüssel. Sie steht unten an der Haustüre und kommt nicht rein."
Es klingelte schon wieder und nun schon etwas drängelnder.
"Bist du sicher, daß ihr keiner aufmacht?"
Er wurde nachdenklich.
"Na ja, wenn sie bei den Nachbarn klingelt, dann drücken die bestimmt schon auf weil die das kennen. Ich habe einen so festen Schlaf, daß ich oft die Klingel nicht höre und meine Mutter sich dann auf diese Weise Zutritt verschaffen muß."
"Oh weia! Das ist ja schlimmer, als bei dir damals zu Hause. Wären wir doch zu mir gefahren! Da hätte uns niemand gestört."
"Warte doch einfach ab. Sie geht sicher gleich, weil niemand aufmacht."

Die Klingel ertönte nun wieder sehr laut und diesmal fast dreißig Sekunden lang. Ich schloß die Augen und wünschte mich auf einen anderen Planeten, doch meine Wunschfee hatte wohl am Wochenende frei. Als ich die Augen öffnete war ich immer noch in Jans Zimmer. Es blieb eine Zeit lang still.
"Meinst du, sie ist jetzt weg?"
"Ja, vielleicht, aber meine Mutter ist sonst hartnäckiger. Sie weiß, daß ich wahrscheinlich zu Hause bin und bleibt bestimmt am Ball. Wenn sie an der Tür hier auftaucht, dann müssen wir still sein, sonst hört sie uns."
"Klar, ich werde so still sein, wie ein Grab."

Es hämmerte an die Türe, erst langsam und mit langen Abständen, doch dann wurde die Schwiegermutter des Teufels wütend.

"Jaaan! Jaaahhhaaan! Los, mach' auf!"
Meine Hände zitterten. Keine zwei Meter und eine hauchdünne Holztür trennten mich von diesem Monster. Ich vergaß zu atmen. Jan lag stocksteif im Bett und ich zog mir die Decke über den Kopf. "Jaaaaaaaan", kreischte es über den Flur, so daß bestimmt das ganze Haus wach werden würde und dann hämmerte sie wie besessen an die Tür. Es hörte nicht auf zu hämmern. Das Schloß rappelte bedenklich. Die Türklinke wurde mehrfach heftig heruntergedrückt.
"Jan, mach' auf! Jaaaahhhaaaaan!"
Ich klammerte mich nur noch an einen Gedanken: ,Raus hier oder verstecken!'.

Aber wo versteckt man sich in einem 12 Quadratmeter großen Raum? Unter dem Bett war kein Platz und in den Kleiderschrank paßte ich nicht. Wir waren im ersten Stock und das Fenster ging zwar nach hinten, in einen Garten hinaus, aber da hatte ich keine Chance hinunterzuklettern ohne mir dabei alle Knochen zu brechen. Außerdem habe ich Höhenangst. Ich bekomme schon Schweißausbrüche, wenn ich auf eine Trittleiter steigen muß. Ich konnte nur noch bangen und hoffen.

Jeder vernünftige Mensch hätte nun eingesehen, nachdem er eine halbe Stunde mit Klopfen, Klingeln und lautem Gekreische zugebracht hat, daß der Bewohner der Wohnung entweder nicht da ist oder nicht gestört werden will. Nicht so meine Ex-Schwiegermutter. Mich wunderte nur, daß nicht das ganze Haus rebellisch wurde. Alleine auf dieser Etage waren fünf kleine Zimmer mit ebenso hauchdünnen Holztürchen. Jeder mußte das hören. Selbst eine dreitausend Jahre alte Mumie wäre jetzt wach gewesen. Leise flüsterte ich Jan ins Ohr: "Warum reagiert niemand im Haus?"
"Die kennen meine Mutter schon."
Das war Erklärung genug.

Endlich hörte das Klopfen auf und mir war so, als spürte ich ihre Gegenwart nicht mehr vor der Tür. Ich schlug die Decke von meinem Kopf und flüsterte leise: "Ist sie weg?"

Jan flüsterte zurück: "Scheint so, aber darauf würde ich mich nicht verlassen. Sie muß um 13.00 Uhr bei der Arbeit sein. Bis dahin wartet sie sicher draußen vor der Tür."
"Meinst du, sie hat sich hier auf dem Flur an die Tür gesetzt?"
"Nein, die wartet draußen im Auto."

Er schaute auf die Uhr. Es war kurz vor zwölf. Eine knappe Stunde war noch Gefahr. Ich lehnte mich entspannt zurück und dachte, daß wir nun locker wieder einschlafen konnten und nach einer Stunde wäre das Monster verschwunden. Es konnte somit eigentlich nicht mehr schlimmer werden. Aber ich dachte falsch. Nach etwa einer Viertelstunde, nachdem wir uns wieder ein wenig beruhigt hatten und das Zittern meiner Hände nachgelassen hatte, da klingelte es wieder.
"Ist sie das wieder?"
"Bestimmt."
"Sie gibt nie auf, was?"
"Du kennst sie ja."

Wir hörten Stimmen im Flur. Seine Mutter war deutlich durch die dünne Holztür zu hören: "Er muß da sein. Ich habe geklingelt und geklopft, ja sogar gerufen, aber er macht nicht auf. Du hast doch einen Schlüssel, oder?"
Eine junge männliche Stimme antwortete: "Jan schläft immer sehr tief. Es kann sein, daß es gestern etwas spät geworden ist. Sicher ist er nicht vor heute morgen ins Bett gekommen."

Eine Klingel schrillte, aber diesmal war es nicht die Haustürklingel, sondern meine ganz persönliche Alarmklingel im Kopf. Ich setzte mich auf und schaute Jan panisch an. Der versuchte gerade sehr beschäftigt zu wirken, indem er seine Fingernägel betrachtete.
"Wer ist das?", zischte ich leise. "Und wieso hat er einen Schlüssel?"
"Keine Sorge", flüsterte Jan unschuldig zurück, "er kann nicht aufschließen, weil mein Schlüssel von innen steckt."
Mit Lichtgeschwindigkeit drehten sich meine Gedanken. Wenn dieser Jemand einen Schlüssel hatte und ihn benutzen wollte, dann würde er merken, daß Jan da war. Also würden sie keine Ruhe geben. Die Katastrophe war unausweichlich, ich war so gut wie tot.
"Wer ist er?" fragte ich wieder.
Jan druckste herum und dann schoß aus ihm heraus: "Mein Freund."

40

Ich dachte, daß es nicht mehr schlimmer werden könnte, doch da hatte ich mich getäuscht. Er hatte einen Freund, ging mit mir, seinem Ex, fremd und seine Mutter würde es erfahren, während ich dabei war. Schnell überlegte ich, wer mein Erbe antreten würde, wenn ich gleich sterben würde. "Du...", mir fehlten weitere Worte. Ich ließ mich wieder fallen und lag ganz still auf dem Kissen. Vor der Tür hörte ich das Klimpern von einem Schlüsselbund. Nun war es also soweit. Ich würde mein Leben im Bett meines Ex beenden, hingerichtet von meiner Ex-Schwiegermutter und seinem Freund. Das hatte ich nun von meinem Lebenswandel. Verzweifelt versuchte ich mich an irgendein Gebet zu erinnern, doch es gelang mir nicht. Es hämmerte wieder an die Tür, diesmal fast eine Minute lang. Es hörte sich so an, als würde die Tür das nicht mehr lange aushalten. Da packte mich die Wut. Ich wollte Jan würgen. Schnell legte ich meine Finger um seinen Hals und drückte. Doch als ich sein Röcheln hörte und seine rehbraunen Augen bemerkte, wie sie mich verzweifelt ansahen, da ließ ich von ihm ab.

"Scheißkerl! Mich in so eine Situation zu bringen. Das ist typisch für dich. Wie konnte ich nur denken..."
Jemand versuchte den Schlüssel auf der anderen Seite der Tür ins Schloß zu stecken.
"Der Schlüssel steckt. Also muß er da sein."

Es hämmert wieder sehr laut und ausdauernd. "Jaaan! Jaaahhhaaan! Los, mach' schon auf!"
Seine Mutter hörte ich sagen: "Ich gehe mal nach unten an die Haustüre und klingle noch mal."
Es hämmerte weiter und kurz darauf setzte die schrecklich laute und schrille Türklingel ein. Der Lärm überstieg alles Erträgliche. Kein Rockkonzert konnte lauter sein.
"Mach' was! JETZT!" fuhr ich Jan an "Mach deinem Freund irgendwie klar, daß du nicht gestört werden willst."
"Aber dann kann er sich doch denken..."
"Das ist nicht mein Problem. Ich will hier lebend rauskommen. Die holen sicher noch die Polizei, wenn du dich nicht meldest."

Ich sah schon mein Bild in einem Boulevardblatt abgedruckt. Nein, es reichte. Nun war Schluß, wer war ich eigentlich? Da wurde es mir klar, wer ich war. Ich war Jojo, der mehr Angst, als Vaterlandsliebe davor hatte, von seiner Ex-Schwiegermutter erschlagen zu werden. Und was würde sein Freund erst sagen. Ich jedenfalls würde jeden Menschen, den ich mit meinem Freund im Bett erwischen würde, bei kleiner Flamme langsam garen lassen. Ich bezweifelte, daß ich der einzige Mensch auf der Welt bin, der solche Mordgelüste bei einem Ehebrecher hat.

Jan schwang sich aus dem Bett. Er schlich die anderthalb Meter bis zur Tür und flüsterte durch das Schlüsselloch.

"He, ich bin da, aber ich kann nicht aufmachen."

Sein Freund stoppte mit dem Klopfen. Erstaunt kam von draußen die Frage: "Jan? He Jan, warum denn nicht?"

Die Türklingel schrillte wieder für gut zwanzig Sekunden und gab Jan ein wenig Bedenkzeit. Als sie verstummte, da flüsterte er schnell durch die Tür:

"Kann ich momentan nicht erklären, aber mir geht es gut. Schau, daß du Mama abwimmelst... bitte!"

"Aber warum...?"

Nun unterbrach die Klingel seinen Freund. Als sie nicht mehr aufhören wollte, machte es einen Knacks, die Klingel fiel von der Wand und summte nur noch leise. Das würde mir Bernadette nie glauben. Meine Ex-Schwiegermutter hatte die Türklingel kaputt geklingelt. Ich grinste trotz Todesangst.

"Aber warum kannst du nicht aufmachen?"

Die Stimme auf der anderen Seite der Tür klang - vollkommen zurecht - immer mißtrauischer. Jan schluckte, holte tief Luft und flüsterte dann schuldbewußt: "Ich bin nicht alleine."

"Waaas?"

Mehr drang nicht von draußen herein. Die Stille war schon unheimlich. Ich hielt den Atem an. Nun lag alles am Charakter seines Freundes. Daß Jan selber keinen Pfifferling wert war, das hatte er ja nun bewiesen, aber ich setzte alles auf seinen Freund. Das Summen der abgefallenen Klingel hatte aufgehört. Schwiegermutter war im Anmarsch. Oh große Göttin der Schwulen, wenn es dich gibt, dann unternimm jetzt was. Ich werde auch nie, nie wieder etwas mit Jan anfangen. Ich versprach es hoch und heilig. Jan kroch wie ein geprügelter Hund, ohne mir einen Blick zu schenken, wieder ins Bett.

Wir lauschten. Draußen ging eine Diskussion vonstatten. Ja, Jan wäre im Zimmer, aber wollte weiterschlafen und hätte sich jede Störung verbeten. Das könne er doch nicht machen, entgegnete eine schnippische, mir allzu bekannte Stimme. Der Dialog entfernte sich und wurde undeutlich. Wir wagten nicht zu atmen. Nach fünf Minuten sagte Jan: "Ich glaube die sind weg. Aber zur Sicherheit sollten wir noch bis halb zwei hier bleiben, denn dann ist meine Mutter sicher arbeiten gefahren."

"Und dein Freund?!"

Nun war er reif!

"Ähm, ich weiß nicht, aber ich glaube nicht, daß er wartet. Wenn er es geschafft hat meine Mutter wegzubringen, dann ist er mit ihr gefahren."

"In deiner Haut möchte ich nicht stecken."

"Tja..."

Er machte einen sehr zerknirschten Gesichtsausdruck, so daß er mir beinahe leid tat. Aber nur beinahe.

"Ich schlage vor, daß wir frühstücken. Ich denke, daß wir beide eine Tasse Kaffee vertragen können."

"OK, ich mach' welchen. Aber sei leise, man weiß ja nie."

Da hatte er recht. Wir saßen dann noch ein paar Minuten schweigend da und hingen unseren Gedanken nach, während die Kaffeemaschine vor sich hinröchelte. Der Kaffee war schnell getrunken und ich merkte, daß ich dringend mal wohin mußte.

"Darf ich hinaus? Ich muß mal für kleine Mädchen."

Jan schaute auf seine Uhr.

"Ok, aber sei trotzdem vorsichtig, denn man..."

"...weiß ja nie", komplettierte ich den Satz.

Ich schlich mich hinaus und schloß mich auf der Toilette ein. Als ich hinauskam, stand ein großer, bulliger Typ vor der Tür, mit Trainingshose und T-Shirt bekleidet.

"Morgen... warum muß Jan mit seinen Typen immer so einen Aufstand machen, häh?" brummelte er mürrisch.

Darauf wußte ich auch keine Antwort. Peinlich berührt schlich ich wieder in Jans Zimmer und zog mich vollständig an. Wie ein geprügelter Hund saß er nun da und schaute mir zu.

"Es war doch aber nett, oder?"

"Was meinst du, die Sache mit deiner Mutter, daß du mich dazu benutzt hast deinem Freund fremdzugehen oder daß mir ein Mitbewohner eben verraten hat, daß ich nicht der Erste bin, dem so etwas passiert, hmmm?"

"Ach Mist! Ich schätze nun sehen wir uns nicht mehr."

"Richtig, mein Schätzchen. Ich sehe das auch so. Wenn du dich zu einer ernstgemeinten Entschuldigung durchgerungen haben solltest, dann kannst du mich ja anrufen. Meine Nummer hast du ja noch. Ich verziehe mich nun. Ciao!"

Ich trollte mich und ließ ihn alleine. Im Flur begegnete mir ein Mädchen, daß mich von oben bis unten ansah und fragte: "Bist du der Grund für den Aufstand vor Jans Tür gewesen?" Ich gab keine Antwort, sondern schritt erhobenen Hauptes nach draußen, um an der nächsten Telefonzelle ein Taxi zu rufen. Mit diesem Taxi würde ich mein Auto abholen, das ich den Abend vorher in der Stadt hatte stehen lassen, und dann nach Hause fahren. Anschließend würde ich mir eine richtige Tasse Kaffee machen und lange überlegen, wie ich meine allerbeste Freundin Bernadette zu Tode quälen könnte, weil sie das alles eingefädelt hatte. Die Arme tat mir jetzt schon leid.

Für Jan hingegen würde ich mir zu gegebener Zeit was sehr Nettes ausdenken. So etwas konnte man nicht mit mir machen... nicht mit mir. Jojos süße Rache war gewiß. Es war nur noch eine Frage der Zeit.

Jojo in Ostfriesland
oder
Nackt am Deich

Mädels, man sagt ja viel Böses über die Ostfriesen. Man sagt, daß sie etwas langsam und stur im Denken sind. Sie sind sozusagen die Blondinen von früher. Übrigens sind sie nicht immer blond. Manchmal haben sie auch eine andere Haarfarbe. Ostfriesen sollen etwas komisch sein. Nein, das kann ich nicht bestätigen. Ich verwahre mich hier ausdrücklich gegen solche Vorurteile. Ich, Jojo, habe es selbst erlebt, daß sie nicht so sind. Und hier verkünde ich endlich die ganze Wahrheit:

Sie sind viel schlimmer als ihr Ruf!

Ja, diesem Satz gebührt ein eigener Absatz. Ostfriesen sind böse, niederträchtig, verschlagen und haben sonst die Eigenschaften, die man den Bayern andichten will. Bevor mich aber nun einer von euch verurteilt, hört euch lieber meine Erlebnisse in Ostfriesland an:

Das Telefon klingelte unausgesetzt, aber wie das so ist, stand ich wie jedesmal, wenn jemand mit mir sprechen will, unter der Dusche.
"Ja, ich komme schon."
Ich schwang mir den rosa Frotteebademantel um meine männlichen Schultern und lief tropfend zum größten Folterinstrument der modernen Welt. Fluchend hob ich ab.
"Besamungsstudio Mönchengladbach...", meldete ich mich frech.
"Hi Jojo, ich bin's, Bernhard."
"Was gibt es denn, ich stand gerade unter der Dusche."
"Och, das tut mir aber leid. Ich wollte nur mal fragen, ob es bei dem Termin bleibt."
"Ja sicher, ich habe in der Firma Urlaub eingereicht. Man sagte mir, daß ich die Woche haben könnte. Und bei dir?"
"Ach Jojo, ich kämpfe immer noch. Eine Arbeitskollegin droht schwanger zu werden, ein Arbeitskollege ist gestern mit dem Auto verunglückt und unser Hauptkunde droht mit einem Auftrag."

"Das hört sich ja nicht gut an. Du, ich habe aber keine Lust alleine in die Diaspora zu fahren. Wenn du nicht mitkommst, dann fahre ich auch nicht."

"Sei nicht so zickig. Es wird schon klappen mit dem Urlaub. Auch wenn ich nicht mitkann, dann solltest du auf jeden Fall fahren, denn wenn ich mir deine Krähenfüße im Gesicht so ansehe, dann hast du Erholung dringend notwendig... und vor allem Ruhe."

"Ich habe keine Krähenfüße!"

"Weißt du, du hast seit über einem Jahr keine zwei zusammenhängende Tage Urlaub mehr gemacht. Du bist aggressiv, schlecht gelaunt und überempfindlich."

"Blödsinn! Ich habe nur neulich den Kellner eine langen wollen, weil er den Strich auf dem Deckel immer schief gemacht hat. Das gehört sich eben nicht!"

"Siehst du? Und genau aus diesem Grund brauchst du Urlaub. Ich melde mich morgen wieder und dann weiß ich vielleicht mehr."

"Ok, dann bis morgen, Liebes, enttäusche mich nicht."

Ich legte den Hörer auf und trollte mich wieder ins Bad. Als ich am Spiegel vorbeikam schaute ich genauer hin. Nein, das waren allerhöchstens kleine Lachfältchen, aber keine Krähenfüße.

Einen Tag später schrillte das Telefon wieder. Ich lief aus der Küche zum Telefon und meldete mich.

"Rheinische Landesklinik, geschlossene Abteilung vier, Schwester Berta am Telefon..."

"Hi Jojo, deine Bernadette ist dran."

"Hi, ich habe gerade die Töpfe auf dem Herd, mach's kurz."

"Sag mal, was kochst du denn?"

Ich weiß genau, daß er keinen Spinat mag.

"Spinat mit Bratwurst und Salzkartoffeln."

"Igitt! Schade, denn ich habe keine Lust zu kochen, weil ich heute..."

"Liebes! Mach's kurz, die Würstchen platzen."

"Ok, ich habe eine gute und eine schlechte Nachricht."

"Die schlechte Nachricht zuerst."

"Meine Arbeitskollegin ist nun doch schwanger."

"Und die gute Nachricht ist, daß du Vater wirst?"

"Schlampe! Nein, die gute Nachricht ist, daß unser Hauptkunde den Auftrag nächste Woche ausgeführt haben will."

"He, das ist ja doch eine schlechte Nachricht."

"Ich weiß, aber wie sollte ich dir das denn verkaufen."

"Was ist denn nun? Bekommst du Urlaub oder nicht?"

"Bis jetzt steht es noch auf der Kippe."

"Was soll das heißen?"

"Wenn ich Walter dazu überreden kann, daß er meinen Kram auch bearbeitet, dann ist alles geritzt."

"Und wann erfährst du es?"

"Morgen..."

"Gut", sagte ich sehr gehetzt, denn aus der Küche roch es verdächtig, "dann ruf' mich einfach morgen noch mal an."
Ich klatschte den Hörer auf und rannte in die Küche. Die Würstchen waren geplatzt und ziemlich schwarz.

Am nächsten Abend randalierte das Telefon auf dem Wohnzimmerschrank. Fluchend legte ich den Staubsauger aus der Hand.

"Jojo hier!"

"Wer? Ach egal, hier ist der liebe Bernhard."

"Ich bin es doch, Jojo. Und kriegst du Urlaub?"

"Wie soll ich es dir sagen?"

"Am besten auf Deutsch und in kurzen Sätzen, denn du bist blond. Hast du dir Notizen gemacht?"

"Ich bin nicht wirklich blond. Ich mache es kurz. Ich bekomme keinen Urlaub."

"Mist! Und nun?"

"Jojo, mein Liebes, nun fährst du allein. Die Ferienwohnung ist gemietet und bezahlt."

"Ich fahre nicht ohne dich!"
Wütend stampfte ich mit dem Fuß auf.

"Nun mal ganz ruhig. Es hat auch Vorteile allein zu fahren. Wenn ich bei dir bin, dann werden alle netten Männer uns für ein Paar halten und keiner von uns beiden bekommt einen ab."

Ich wurde sehr nachdenklich.

"Ja, da hast du Recht. Von der Seite habe ich es noch nicht betrachtet.
Vielleicht bekomme ich so einen großen, starken, blonden Hünen."

"Hünen sind immer groß und stark."

"Meiner ist dann aber bestimmt noch größer und noch stärker."

"Meinetwegen... Siehst du nun, daß es auch seine guten Seiten hat?"
Ich sah es ein. Kurz darauf beendete ich das Gespräch, schnappte mir wieder den Staubsauger und träumte von blonden Friesen.

Eine Woche später saß ich dann allein, allerdings mit ein paar leichten Gepäckstücken im Kofferraum, auf dem Rücksitz und auf dem Beifahrersitz in meinem STK (schwerer Tuckenkreuzer) und rollte Richtung Norden. Ich hatte mich entschlossen, mir durch Bernhards Absage den Urlaub nicht vermiesen zu lassen. Dort, wo das Meer und das Land eins und wo die Kühe schöner, als die Mädchen sind, da wollte ich hin: Ostfriesland.

Ich hatte das schon seit Wochen geplant und freute mich auf die Ruhe, die gute Luft und die Erholung auf dem Land. Vor Wochen schon hatte ich eine Ferienwohnung für eine Woche angemietet und so war ich nun auf den Weg zu Norden. Nein, das ist kein grammatikalischer Fehler. Der Ort, in dem ich mich zu erholen gedachte, der heißt Norden und liegt im Norden. Ein wenig phantasielos finde ich es schon, daß man in Ostfriesland die Orte nach den Himmelsrichtungen benennt. Aber vielleicht brauchen die Ostfriesen diesen Namen, damit sie sich immer anhand des Namens daran erinnern können, wo dieses kleine Städtchen liegt und es immer wiederfinden können. Abwegig ist es nicht, denn sonst gab es in der Gegend keine andere Stadt, wenn man mal von Emden absieht.

In Emden war dann auch leider die Autobahn zu Ende. Vielleicht war das ja auch so ein beschreibender Name. Emden... Möglicherweise war bei der Namengebung ein Ostfriese ohne Zähne beteiligt.
"Hier wird die Zivilisatiom emden", hat er bestimmt in grauer Vorzeit gesagt und schon hieß diese Stadt Emden. Ich verspürte ein dringendes Bedürfnis. Kein Wunder eigentlich, denn ich war nun schon fast zwei Stunden unterwegs. Weil Norden noch gut eine halbe Stunde Fahrt entfernt lag, entschloß ich mich nach Emden hineinzufahren und dort mein Bedürfnis zu befriedigen und eine kleine Rast bei einer Tasse Kaffee zu machen. Über Emden gibt es nichts zu berichten, außer vielleicht, daß diese kleine Stadt den Charakter einer typischen Kleinstadt hat.

Ich fand den Ortskern ziemlich schnell und auch einen Parkplatz. Die Sonne schien und es war sehr mild für diese Jahreszeit. Ich griff nach meinem Handtäschchen und schwebte in Richtung ‚Rathauscafé', das ich im Vorbeifahren gesehen hatte. Es waren nur ein paar Schritte zu Fuß. Mein Bedürfnis wurde immer drängender, so legte ich einen schnelleren Schritt ein. Plötzlich stolperte ich und legte mich dabei auf meine Nase. Göttin sei Dank habe ich mir nichts getan. Ich rappelte mich hoch und schaute mir an, worüber ich gestolpert war. Es war ein alter verrosteter Anker, der einfach so in der Gegend herumlag. Der Sperrmüll scheint hier nicht regelmäßig zu kommen, denn mir schien, als stände er schon länger an der Straße. Er schien sogar so lange dazuliegen, daß irgendein Straßenbauer ihn anscheinend einbetoniert hatte. Unverschämtheit! Aber ich durfte keine Zeit verlieren. Wild stürmte ich ins ‚Rathauscafé', dann die Treppe hinunter und schon hatte ich die Herrentoilette gefunden.

Erleichtert setzte ich mich vor das ‚Rathauscafé' in einen der bequem aussehenden Korbstühle. Nun wollte ich erst mal in Ruhe einen Kaffee trinken und dann weiterfahren. Die Sonne schien mir auf den Pelz und ich atmete die herrliche Luft. Es war vielleicht doch richtig gewesen auch ohne Bernadette zu fahren. Ich ergriff die Karte auf dem Tisch und blätterte. Dort sah ich, daß auch Ostfriesentee angeboten wurde. Da ich kein großer Teetrinker bin, aber doch irgendwie risikobereit und experimentierfreudig, bestellte ich bei dem erst nach zehn Minuten auftauchenden Kellner ein Kännchen Ostfriesentee. Der Kellner wackelte davon und ich hatte Zeit mir die Gegend anzusehen. Vor einem Marktplatz lag ein kleiner Hafen, mitten in der Stadt. Ein paar Schiffchen lagen dort am Kai und ansonsten war nicht viel los. Ein ganz klein wenig malerisch war es doch. Der Kai lag etwas tiefer und so führte eine Treppe hinunter zu den Schiffen.

Eben an dieser Treppe sah ich einen Menschenauflauf. Die Sonne blendete mich ein wenig, deshalb setzte ich meine Sonnenbrille auf und betrachtete die Versammlung etwas genauer. Dort gab es einen Straßenkehrer, der darum bemüht war, die eben beschriebene Treppe zu kehren. Etwa zwanzig Passanten standen um ihn herum und grölten. Offensichtlich hatten die Menschen etwas zu sehr dem Alkohol zugesprochen. Immer wieder pöbelten sie den Straßenkehrer an, er solle doch gründlicher sauber machen. Aber was mich zum Platzen brachte, das war die Dreistigkeit einiger Zuschauer, die immer wieder Sägemehl und anderen Unrat auf die Stufen kippten, kurz, nachdem der Kehrer mühevoll alles weggeräumt hatte. Ich bin ja ein Gemütsmensch, aber ich kann es nicht vertragen, wenn auf der Straße jemand angepöbelt wird. Ich faßte mir ein Herz und stand auf. Ich gab dem Kellner ein Zeichen, so daß der nicht dachte, ich würde verschwinden und ging forsch auf die Menschenmenge zu. Ich hörte Rufe wie: "Schneller kehren!" oder "Da ist noch was!"

Nun platzte mir endgültig der Kragen. Ich nahm meinen Mut zusammen und stürmte durch die Menge, stellte mich schützend vor den Straßenkehrer, der ganz erstaunt schaute und brüllte: "Schluß jetzt!"
Auf einmal wurde es sehr still. Alle Passanten schauten mich mit offenem Mund an. Soviel Zivilcourage kannten sie wahrscheinlich nicht und hatten sie auch nicht erwartet. Ich funkelte alle böse an. "Was glaubt ihr eigentlich wer ihr seid? Häh? Ärgert diesen armen Menschen, der nur seinem Job nachgeht. Ihr da drüben schmeißt auch noch absichtlich Müll und Dreck auf die Straße. Schämt euch! Was hat euch der Mann hier eigentlich getan?"
Nun war es so still, daß man die Möwen über dem Hafen atmen hören konnte. Ein Mann trat hervor und lallte: "Er ist dreißig und nicht verheiratet."
Ich runzelte die Stirn. Ich konnte kein Verbrechen darin sehen über dreißig und nicht verheiratet zu sein - im Gegenteil. Dreist stellte ich mich vor ihn hin und schwenkte mein Handtäschchen provozierend vor seiner Nase hin und her.
"Ich bin auch über dreißig und nicht verheiratet. Na und? Ist das ein Verbrechen?"
Plötzlich erwachte die Meute und wurde laut. Ich hörte Rufe wie: "Einen Besen her!", "Noch einer!" und "Das wird ein Fest!"
Ich ahnte Böses, denn die Menschen schlossen einen Kreis um mich und plötzlich hatte ich einen Besen in der Hand.
"Treppe kehren!"

Die Rufe wurden immer lauter und ich wollte mich schon mit dem Besen in der Hand tapfer durch dieses Rudel ostfriesischer Wölfe kämpfen, da fühlte ich eine Hand auf meiner Schulter liegen.
"He, einen Moment mal. Jetzt reg' dich mal ab."
Ich drehte mich um und sah dem Straßenkehrer ins Gesicht.
"Ich soll mich abregen? Gerade du solltest diesen Pöbel nicht auch noch verteidigen."
Er lächelte und da sah ich, wie attraktiv er war.
"Du verstehst das nicht. Ich mache das freiwillig. Das ist bei uns Brauch. Jeder Mann, der dreißig geworden ist und noch nicht verheiratet ist, der muß die Treppe vom Delft kehren. Heute bin ich

50

dreißig geworden und nun bin ich reif. Komm, du bist selber schuld, wenn du sagst, daß du über dreißig bist und unverheiratet. Mitgehangen, mitgefangen."

Am liebsten wäre ich auf der Stelle gestorben. Ich drehte mich um und die Meute schaute mich stumm und dreckig grinsend an. Ich grinste verlegen und zuckte mit den Schultern. Ganz leise und kleinlaut gab ich von mir: "Ich wußte doch nicht..." Der Typ von eben brüllte aber dazwischen: "Treppe kehren!" und die Meute fiel mit ein. Ich drehte mich fragenden Blickes zum Geburtstagskind um und der schlug mir auf die Schulter und meinte: "Da kann man nichts machen. Komm, sei kein Spielverderber. Ich lade dich auch zu dem kleinen Umtrunk ein." Ich sah meinem Gegenüber noch mal tief in die Augen, der sah genauso tief zurück und ich entschloß mich mitzumachen. Bei diesen Augen konnte niemand nein sagen.

Über eine Stunde lang kehrten wir beide was das Zeug hält, dann ging ich zum ‚Rathauscafé' zurück, wo ich mich erschöpft hinsetzte. Der Kellner kam an und brachte mir meinen Tee. "Bitte der Herr, ich habe gesehen, daß sie beschäftigt waren und deswegen habe ich den Tee zurückgehen lassen. Hier ist neuer Tee."

Ein seltsamer Menschenschlag und irgendwie anders, aber doch recht nett. Ich hatte mich mit großem Tamtam von allen Treppenfetischisten verabschiedet, nachdem ich herausbekommen hatte, daß die Meute aus der Stadt Norden kam. Ich versprach am Abend in der Dorfdisco zu erscheinen und dort mit ihnen einen kleinen Umtrunk zu veranstalten. Genüßlich trank ich nun meinen Tee. Dann setzte ich mich wieder in Bewegung und fuhr weiter in Richtung Norden. Na, dieser Kurzurlaub wird ja lustig werden. Hoffentlich würde ich keinen Kulturschock bekommen.

Kurz, nachdem ich Emden auf der Landstraße Richtung Norden verlassen hatte, sah ich auf der linken Seite eine Kirche. Kinders ihr glaubt es nicht. Die drohte jedem Moment umzufallen, so schief stand die. Ich hielt am Straßenrand an, weil ich den Einsturz mitansehen wollte, doch nichts tat sich. Ich fragte einen Passanten, doch der sagte mir in aller Gemütsruhe, daß es sich um die ‚Suurhusener Kirche' handeln würde und die wäre schon ziemlich lange so schief. Bis jetzt wäre sie nicht umgefallen. Das sah ich

51

auch. Kopfschüttelnd stieg ich wieder in meinen STK (schwerer Tuckenkreuzer) und machte mir plötzlich furchtbare Sorgen um meine Ferienwohnung. Viel hielt ich von den ostfriesischen Architekten nicht.

Nach etwa zwanzig Kilometern kam ich dann in Norden an. Norden ist kleiner und verschlafener als Emden. Aber immerhin lebten hier Menschen oder genauer gesagt Ostfriesen. Auf der Landstraße sah man oft kilometerlang kein Zeichen von Zivilisation. Ich fragte einen Passanten nach dem Weg und fand meine Ferienwohnung recht schnell. Kein Wunder, denn Norden schien nur aus ein paar Straßen zu bestehen. Allerliebst zurechtgemachte Häuschen mit winzigen, aber vorbildlich gepflegten Vorgärten standen überall herum. Eine Atmosphäre wie im Paradies. Die Sonne schien und alles wirkte freundlich und einladend. Schnell bezog ich meine Wohnung.

Nach drei Stunden hatte ich meine Koffer ausgepackt und da war es auch schon Zeit sich auf den abends beginnenden Umtrunk einzustellen. Ich machte mich zurecht, ging ein paar Häuser weiter und klingelte bei meinem Vermieter. Die Sonne war gerade dabei unterzugehen. Er öffnete mit einem "Moin!"

"Guten Abend", sagte ich betont höflich, weil ich den guten Mann darauf aufmerksam machen wollte, daß wir nicht Morgen haben, "ich wollte sie mal fragen, ob sie den Weg zu einer Disco namens ‚Meta' kennen."

Er überlegte einen Augenblick und dann fiel es ihm auch schon ein: "Jou, Mejtah. Jou, dat weet iek waar dat is. Door muttjij naa Noordiek heen. Un kört võrm Diek lenks. Dann emmer de Straßen langs op linke Siet."

"Herzlichen Dank auch."

"Neet to danken", brummelte er noch und dann schloß er die Tür von innen. Ich hatte zwar nichts verstanden, aber Deich, links und Norddeich hatte ich mitgekriegt. So fuhr ich los und nach zehn Minuten stand ich mit dem STK (schwerer Tuckenkreuzer) vor ‚Meta'.

Wer in Köln schon mal Auto gefahren ist, der findet überall auf der Welt seinen Weg instinktiv. Ich erschrak, fuhr aber weiter. Erstens paßte ich mit meinem STK (schwerer Tuckenkreuzer) bestimmt nicht hierhin und zweitens glaubte ich nicht, was ich da sah. ‚Meta' war wohl früher ein Kuhstall oder so gewesen. Ich

52

nahm allen Mut zusammen und parkte mein Auto gut dreihundert Meter entfernt an der Straße. Niemand sollte meinen Wagen sehen, denn ich kam mir vor, als würde Jackie 0. eine Dorfkneipe besuchen und würde mit Limousine vorfahren. Ich wollte nicht unnötig auffallen.

Von außen machte dieses Gebäude wirklich den Eindruck eines alten, verfallenen Kuhstalls, denn wenn das alte, verwitterte Holzschild mit handgemalten Buchstaben ‚Meta' nicht gewesen wäre, dann hätte ich gedacht, ich sei falsch. Von drinnen drang Musik und Lärm heraus. Ich war auf alle Fälle richtig. Aber irgendwie war das nicht so ganz mein Stil. Eingeladen ist eingeladen, sagte ich mir und öffnete mutig die Tür. Drinnen herrschte schummriges Licht und die Bude war verraucht.

Es **war** ein alter Kuhstall, der so aussah, als hätten hier zehn Jahre lang Rumänen, Bulgaren und Albaner gehaust und nach einer Zwangsräumung vor etwa dreißig Jahre sei nichts mehr verändert worden. Die Musik hörte sich ein wenig wie eine Mischung aus den Siebzigern und Folklore eines ostafrikanischen Landes an. Vergeblich suchte ich eine Bar oder eine Theke. Überall standen alte Sofas und wackelige Holzbänke herum, auf denen sich eine Menge Volk lümmelte. In der Ecke stand ein alter Obdachloser mit seinem antiken Kinderwagen. Doch als ich genauer hinsah, da bemerkte ich, daß dieser arme, alte Mann den Kinderwagen voll Bierflaschen hatte und sie sogar verkaufte. Später erfuhr ich dann, daß es sich bei diesem Obdachlosen um den Besitzer und bei dem Kinderwagen um die Theke handelte. Andere Länder, andere Sitten.

Auch ärgerte ich mich ein wenig über mein Outfit. Ich war total overdressed. Die meisten der Kids trugen Lumpen. Zerrissene Pullover, vor Dreck stehende Jeans, alte Opa-Jacken und viele andere Scheußlichkeiten. Hier scheint es Sitte zu sein, daß die Jugend die Klamotten der Großeltern auftragen muß. Armes Volk! Die etwas Älteren sah man dann schon mal mit Ostfriesennerzen. Aber alle hatten eines gemeinsam: Sie trugen alle Gummistiefel. Auf einem kleinen Raum, zwischen vier Balken, etwa acht Quadratmeter groß, tanzten sogar ein paar Figuren im Ostfriesennerz und mit Gummistiefeln. Sehr kultig!

In einer Ecke erkannte ich die Rotte wieder, die mich in Emden gezwungen hatte die Treppe zu kehren. Sie bemerkten mich und winkten herüber. Mit einem vielstimmigen "Moin!" begrüßten sie mich. Ich brüllte demonstrativ "Guten Abend!" zurück, aber daran störte sich niemand. Diese penetrante Sturheit der Ostfriesen die Tageszeit zu ignorieren, war schon seltsam. Eine weitere Überraschung erwartete mich, als ich meinen Treppenkehrkollegen sah. Obwohl ich mein Handtäschchen verwettet hätte, daß der Typ einer von uns ist, hatte der eine Frau im Arm. Er kam auf mich zu.
"Moin! Schön, daß du da bist. Komm, laß uns ein Bier trinken.
"Haste mal zwei Mark?"
Ich war froh darüber, daß er mir ein Bier besorgen wollte und kramte zwei Mark aus meinem Handtäschchen. Er zog von dannen. Als er nicht wiederkam, suchte ich ihn. Er stand mit zwei abgerissenen Typen herum und nuckelte an meiner Flasche Bier. Ich ging auf ihn zu.
"He, hast du mir kein Bier mitgebracht?"
"Oh, wolltest du auch ein Bier? Na, dann hättest du mir vier Mark geben müssen."

Ich war entsetzt. Er hatte mich angeschnorrt und ich habe es nicht gemerkt. Aber was soll man auch von einem Typen halten, der eine Frau im Arm hatte? Ich zog wortlos davon und gesellte mich wieder in die Gruppe von vorhin. Ich stand herum und versuchte den Gesprächen zu folgen. Plötzlich wurde ein kleinerer Typ auf mich aufmerksam. Er schlenderte zu mir rüber und sprach mich an.
"Moin! Haste mal zwei Mark?"
Nun kannte ich das ja schon und antwortete schlagfertig:
"Guten Abend! Nein danke, ich hole mir mein Bier schon selber."
Der Typ schaute mich ungläubig an und lallte: "Ich wollte dir doch gar kein Bier holen. Ich hab' nur gefragt, obde ma' zwei Mark hast."
Ich war entsetzt ob dieser Dreistigkeit und wand mich ab. Der Typ schlurfte davon und murmelte etwas wie: "Engal, dann nich'!"

Ich holte mir für mein eigenes Geld eine Flasche Bier bei dem Obdachlosen mit dem Kinderwagen und stellte mich in eine Ecke. So sah das also aus. Wenn man von Ostfriesen zum Umtrunk eingeladen wird, dann heißt das, daß man allen anderen das Bier bezahlen muß. Ohne mich! Ich war gewarnt.
Ein kleineres Mädchen, etwa Vierzehn oder Fünfzehn, trat an mich heran und fragte: "Haste mal Feuer?"

Ich kramte mein Feuerzeug heraus und wartete darauf, daß das Mädchen eine Zigarette in den Mund steckte. Aber sie machte keine Anstalten dazu, sondern schaute mich nur bittend an.
"Wo ist denn deine Zigarette?"
"Ich hab' keine, hast du nicht eine für mich?"
Ich war so überrumpelt von dieser Dreistigkeit des Neppens, daß ich ihr wortlos eine Zigarette gab. Dann, bevor ich die Zigarette anzünden konnte, wandte sie sich ab, kramte flink in ihrer Tasche, holte ein eigenes Feuerzeug heraus und zündete sich selber die Zigarette an. Das würde mir Bernadette nie glauben.

Ich beschloß, mich diesem dummdreisten Verhalten nicht länger auszusetzen und versuchte die ‚Disco' zu verlassen, doch kurz, noch bevor ich die Tür erreichte, stellte sich mir der Obdachlose in den Weg.
"Keiner verläßt den Raum mit einer Bierflasche!"
"Aber ich habe die doch noch gar nicht ausgetrunken."
"Engal!"
Ich überlegte. Entweder stellte ich die Flasche irgendwo ab, aber dann griff diese sicher einer der gierigen Nepperfriesen oder ich trank sie in einem Zug aus und gab sie dem verfilzten Menschen vor mir. Mein Geiz siegte. Ich leerte die Flasche mit einem Zug, drückte dem Friesen die Flasche in die Hand und verabschiedete mich mit einem "Gute Nacht!"
Ein "Moin!" schallte mir hinterher, es traf mein Trommelfell, gelangte an meine Großhirnrinde und verursachte fast einen Schreikrampf. Schnell lief ich zu meinem Auto. Der Kulturschock hatte mich getroffen.

Am nächsten Nachmittag beschloß ich schwimmen zu gehen. Da ich nicht so gerne im Salzwasser bade, erkundigte ich mich bei meinem Vermieter nach einem Schwimmbad.
"Schwimmbad hemm wie neet! Maar een Meer. Dat hemm wie. Dat is kört hinner Haach in Berum."

Dazu muß man erklären, daß das Meer bei den Ostfriesen See heißt und die kleineren Gewässer im Landesinneren, die von uns See genannt werden, heißen dort Meer. Wahrscheinlich kommt das daher, als damals die Ostfriesen am Meer entlang gingen und immer wieder sagten: "Ich seeh' nix andres als Wasser", da hieß das Meer irgendwann See.

Als die dann merkten, daß man auch ins Landesinnere ziehen konnte, da entdeckten sie die Seen und sagten sich: "Huch, da ist ja noch meer!" und schon hießen die Seen Meer. Alles Quatsch, sagt ihr? Ich weiß es nicht. Aber so oder ähnlich oder gar nicht denken die Ostfriesen.

Zurück zum Meer, ...ähm zum See. Man kommt ganz durcheinander. Da alles recht übersichtlich angeordnet ist in Ostfriesland, sprich es ist ziemlich leer dort, kann man eigentlich alles gut finden. Man muß nur aufpassen bei den Straßenschildern. Meist sind Abzweigungen etwa fünfhundert Meter vor der eigentlichen Abbiegemöglichkeit ausgeschildert. Bei uns stehen die Schilder fast immer direkt vor einer Kreuzung. Ob man damit den mangelnden und sehr langsamen Rechtschreib- und Lesekenntnissen der meisten Ostfriesen Rechnung getragen hat, daß weiß ich nicht, aber ich vermute, daß das ein Eigentor war, denn nach fünfhundert Metern hat jeder Ostfriese vergessen, wo er hinwollte, geschweige denn daß da ein Schild stand. Jetzt aber wirklich zurück zum See.

Als ich ankam, war da alles überfüllt. Im Gegensatz zum Meer (das mit dem Salzwasser drin), in dem meist die Touristen baden gehen, baden im See (also das Gewässer aus Süßwasser) meist nur Eingeborene. Ich war ein Mensch unter vielen, vielen Ostfriesen. Zuerst verschaffte ich mir mal Überblick. Ich wanderte langsam um den See herum und betrachtete die Leute und richtig, ganz hinten, fast hinter ein paar Büschen versteckt, da lag der Tuckenstrand. Ich war ja so froh, daß es den hier gab. Nur, ich hatte zwar nun Erfahrung mit Ostfriesen, aber noch keine mit den ostfriesischen Tucken. Ich verhielt mich abwartend und legt mich etwas entfernt von dem Pulk in den Schatten.

Trotz der kritischsten Begutachtung und erhöhtem Mißtrauen, meinen Geschlechtsgenossinnen gegenüber, konnte ich keinen wesentlichen Unterschied feststellen zu den Tucken bei mir zu Hause. Vielleicht liegt es daran, daß die meisten handelsüblichen Tucken auf der ganzen Welt mehr Verstand in der Hose, als im Kopf haben.

Das sah ich gerne, denn ich fühlte hier ein Stück Heimat. Ganz besonders gerne sah ich diesen Bengel mit den schicken Bermudashorts und der blonden Stoppelfrisur. Das wäre doch was für Mamas Tochter dachte ich mir und robbte mich heran. Aber wie fängt man ein Gespräch an mit einem schwulen Ostfriesen? Ich nahm meine Utensilien und zog zum Bengel in Gesprächsweite. Dort breitete ich meine Utensilien wieder aus und überlegte. Warum nicht einfach und dreist sein? Ich schaute mich suchend um und wie durch Zufall blieben unsere Blicke aneinander hängen.

Ich lächelte.
Er lächelte.
Ich schaute weg.
Er schaute weg.
Ich schaute hin und lächelte, aber er schaute immer noch weg.

Meine Güte, kann der nicht mal das primitivste Balzritual einhalten? Gut, dann tritt nun Plan B in Kraft. Ich räusperte mich und er schaute zu mir rüber.

"Hi, ich heiße Jojo, ich bin alleine und habe niemanden der mir der Rücken einschmiert. Darf ich so dreist sein und dich bitten?"

"Moin!"

Ein Schreck durchzuckte mich, aber ich unterdrückte den Fluchtreflex. Er sprach weiter: "Na gut, wenn du es willst?"

"Wenn du so nett wärst?"

Ich hielt ihm meine Sonnenmilch hin und legte mich auf den Bauch. Er kam heran, kniete sich neben mich und fing an mich einzuschmieren. Seine kleinen Hände machten mich ganz rasend. Ich grunzte wohlig und zeigte ihm so, daß es mir gefiel. Aber so groß kann kein Rücken sein, denn irgendwann hat jedes Einschmieren sein Ende. Ich versuchte es weiter. Der Anfang war gemacht.

"Warmen Dank! Das war richtig toll."

"Sag' mal, ich bin fremd hier. Was ist denn hierzulande so los für uns?"

"Och...", er überlegte, "wie meinst du das?"

"Ich meine, wo gibt es hier war für uns Schwestern?"

"Schwestern?"

Oh, du gute Güte!

"Ich meine, für unsereins: Cruising, Parks, Parkplätze, Darkrooms, Bars, Kneipen."

"Och...", er überlegte, "ach so, das meinst du. Wir treffen uns am Deich. Aber was sind Darkrooms und Cruisings?"

Ich war erschüttert. Wo waren die schwulen Missionare? Sind diese Kinder hier tatsächlich so unschuldig?

"Und was macht ihr so am Deich?"

"Och...", er überlegte, "gucken halt und..."

"Sex?", fiel ich ihm gierig ins Wort.

"Och...", er überlegte, "ja, das auch. Aber meistens gucken wir nur."

"Klingt ja interessant", heuchelte ich, "kannst du mir erklären, wo das genau ist?"

Nun folgte eine langatmige, wenig aufschlußreiche Erklärung mit vielen Fremdwörtern. Ich erspare mir die Wiedergabe.

"Du, das kapiere ich nicht."

"Ich kann dich mitnehmen. Ich wollte nachher, wenn es dunkel geworden ist, zum Deich."

"Au fein, das finde ich richtig nett von dir. Ich lasse dann mein Auto hier stehen und wir fahren mit deinem."

"Och...", er überlegte, "na gut, warum nicht."

Ich war glücklich. Die halbe Miete für einen vergnüglichen Abend zu zweit hatte ich schon eingebracht.

Wir unterhielten uns noch eine Weile lang über so nette Dinge wie Viehzucht, Ebbe und Flut, Gartenpflege und so etwas, als ich merkte, daß ich müde wurde. Bei dem Gesprächsstil des Jungen war das ja auch kein Wunder. Ich drehte mich also um und schlief ein.

Es wurde schon dunkel, als mich Okko, der junge, schwule Ostfriese hieß tatsächlich so, weckte.

"Los, es wird schon dunkel. Laß uns aufbrechen."

Ich packte schnell meine Sachen und dann wanderten wir wieder um den ganzen See herum in Richtung der Parkplätze. Okko führte mich zu einem kleinen blauen Trabbi.

"Och, wie süß", stieß ich aus, "daß es diese Dinger immer noch gibt."

"Das ist meiner, mit dem fahren wir."

Wäre ich nicht bis an den Kragen geil gewesen, ich wäre sonst niemals in so eine Pappkiste gestiegen.

Die Fahrt gebärdete sich holprig, was weniger an der Straße, sondern mehr am Wagen lag.

"Wie alt bist du eigentlich?"

"Och...", er überlegte, "ich bin 20."

Hmm, sein Temperament ließ ein wenig zu wünschen übrig, aber wer weiß. Stille Wasser sind tief und vielleicht würde ich gleich ein Taucherlebnis erster Güte erleben mit diesem stillen, langweiligen, äußerst hübschem Kind.

Es war ganz dunkel und in Ostfriesland gibt es zwar Straßenlampen, aber offensichtlich hat noch niemand daran gedacht sie einzuschalten. Irgendwas großes Schwarzes lag vor uns. Wir waren endlos Kilometer über Landstraße gefahren.

"Wir sind da. Das ist der Deich", sagte Okko.

Ich schaute in die Dunkelheit, aber ich sah eine dunkle Fläche auf dunklem Hintergrund. Nun wurde es Zeit Nägel mit Köpfen zu machen.

"Du, ich seh' nicht viel. Sind hier denn noch andere?"

"Natürlich, da hinten, daß ist Lonzo und Otto zum Beispiel."

Ich stierte durch die Windschutzscheibe und sah nur schwarz.

"Hast du Lust? Ich meine...

"Och...", er überlegte und meine Erregung wuchs, "warum nicht?"

"Hier im Auto?"

"Klar!"

"Ist aber ein wenig eng."

"Eng ist schön."

Wo hatte er diese Weisheit denn her. Hatte sich vielleicht schon mal jemand aus der Zivilisation in diesen Urwald verirrt? Ich grinste ihn an: "Finde ich auch."

Dann versuchte ich mich in diesem engen Wagen meiner Jacke zu entledigen, scheiterte aber wegen meiner Größe bei dem Versuch. Okko machte die Fahrertür auf und lehnte sich zurück, als erwartete er meinen Angriff. Ich war nicht dumm und öffnete ebenfalls die Autotür und zog draußen meine Schuhe aus. Da hatte ich einen Einfall. Ich stieg aus und entledigte mich meiner Sachen draußen vor dem Auto.

Okko lehnte immer noch mit geschlossenen Augen in seinem Fahrersitz. Ich war inzwischen beim Slip angekommen. Meine

Klamotten warf ich auf den Rücksitz. Nun stand ich splitterfasernackt am Deich und gurrte:

"Okko?"

Der schaute hoch und wie von Blitz getroffen schrie er auf und startet in Panik das Auto.

"He, Okko, was ist denn?"

"Ich wollte nur gucken."

Er schlug mir die Beifahrertür vor der Nase zu und schloß von innen ab. Ich hämmerte an die Scheibe, doch der kleine Ostfriese wurde immer panischer. Er fuhr davon. Barfuß lief ich noch ein Stück hinterher, doch ich holte ihn nicht ein. Langsam verschwanden die Lichter von Okkos Trabbi am Horizont. Nun stand ich da, splitterfasernackt, alleine, einsam, verirrt und absolut wütend. Ich hätte nun eine gekochte Kartoffel mit der Hand zerquetschen können, so eine Wut hatte ich. Ich sah mich um, aber nur Dunkelheit war zu sehen. Ich wanderte zurück zum Deich. Solange es dunkel war, konnte mich ja niemand sehen, aber was sollte ich jetzt machen? Da erinnerte ich mich daran, daß Okko behauptet hatte, es wäre noch andere Leute hier. Ich starrte in die Dunkelheit, vermochte aber absolut nichts zu erkenne. Ich sah nur den dunklen Deich, den ich beschloß zu erklimmen. Als ich oben stand, da war es schon sehr viel heller. Ich konnte leicht die Lichter und den Leuchtturm der Insel Norderney über dem Wasser sehen. Ansonsten konnte ich nichts erkennen. Ich verließ den Deich und beschloß auf die Suche nach Otto und Lonzo zu gehen. Vielleicht konnten die mir helfen.

Lange Zeit rief ich ihre Namen, doch nichts rührte sich. Dann kam mir eine Idee. Alle Ostfriesen sagen zu jeder Tageszeit ,Moin!' Kein Ostfriese kann sich dagegen wehren mit ,Moin!' zu antworten. Ich rief laut: "Moin!"

"Moin", tönte aus einiger Entfernung. Es kam vom Deich. Da waren sie. Ich lief drauf zu. Als ich ein paar Meter entfernt war, da rief ich: "Nicht erschrecken, ich bin nackt und brauche Hilfe."

Aus dem dunklen Auto drang eine Stimme.

"Wir haben uns schon gewundert, was du so nackig hier herumläufst. Aber wir wollten dich nicht stören bei dem was du tust."

61

Ich trat näher heran. Drinnen saßen zwei Gestalten in völliger Dunkelheit, Otto und Lonzo, angezogen und bequem zurückgelehnt. Sie starrten schweigend in die Dunkelheit.

"Was macht ihr hier?"

"Gucken", antworteten beide wie aus einem Mund.

Sie nahmen mich schließlich mit nach Hause und Göttin sein dank kannten beide Okko, der mir meine Kleider wiedergab. Seitdem hielt ich mich fern von Ostfriesen, was in Ostfriesland nicht so einfach ist. Bei der Rückfahrt überfuhr ich beinahe noch einen von ihnen, denn ich traf eine Gruppe ‚Boßler'. Das ist eine ostfriesische Sportart. Man sucht sich eine kilometerlange Straße aus und dann versucht jeder eine Kugel diese Straße entlang zu werfen. Fällt sie in den Straßengraben, der hier Schlot heißt, dann muß man von vorne beginnen. Wer als Erster an einem vorher festgelegten Ziel ankommt (das oft Kilometer entfernt liegt), der hat gewonnen. Das ist ja an sich noch nichts sportliches. Das eigentlich Sportliche daran ist, daß man nach jedem Wurf einen Schnaps zu sich nimmt.

Übrigens: Seit diesem Abend am Deich frage ich mich, wie sich Ostfriesen eigentlich fortpflanzen. Wahrscheinlich ist es reiner Zufall und pures Glück. Aber wie heißt es so schön? Na, das Glück ist mit den Dummen. Moin!

Jojo, hast du damit ein Problem?

Eigentlich hätte es ein schöner Abend werden können - wenn auch etwas heiß. Ich saß wieder einmal gut gelaunt in meiner Kneipe und trank ein kühles Kölsch. Die Tür stand auf, weil es so warm war. Das Lokal war ansonsten leer, aber das störte mich nicht. Ich sah in den Augenwinkeln, daß jemand durch den Eingang schritt und auf die Theke zusteuerte. Ich traute meinen Augen nicht. Es war mein Heten-Bekannter Otto Olivier. Er sah mich und kam zu mir an den Tisch.

"Hi Otto, was machst du denn hier?"

Es war einfach eine Floskel, eben um die Kommunikation zu beginnen.

"Warum? Sollte ich nicht hier sein?" fragte er etwas arrogant und fügte provozierend hinzu: "Hast du damit ein Problem?"

Ich reagierte gar nicht, sondern trank einen großen Schluck aus meinem Glas. Ich ahnte, was nun kommen würde. Mir tat es jetzt schon wieder leid, daß ich meine große Klappe nicht hatte halten können. Otto war nämlich bekannt für seine sinnlosen und aufgeblasenen Grundsatzdiskussionen. Aber diesmal würde er mich nicht fertig machen, ...diesmal nicht! Ich setzte mein Glas ab und erwiderte: "Nein, warum sollte ich damit ein Problem haben? Du kannst schließlich gehen wohin du willst."

"Eben, aber alleine schon, daß du dir darüber Gedanken machst, zeigt mir, daß du ein Problem mit deinem Schwulsein hast."

Was wollte er mir denn nun schon wieder für ein Problem ans Bein labern? Ich und ein Problem mit meinem Schwulsein? Ich, der ich... Er unterbrach meinen aufgebrachten Gedankengang und fügte noch hinzu: "Daß du bemerkst, daß ich hier bin, **das** ist schon für dich ein Problem."

Er ist ja sonst ein lieber Kerl, aber nun wurde seine Anwesenheit für mich wirklich zu einem Problem. Ich kannte das von endlosen, inhaltslosen und adrenalintreibenden Gesprächen über so bewegende Themen wie: Ob man sich nun erst recht mit Gillette rasieren sollte, oder ob die Chemiekatastrophe von Seveso eine direkte Auswirkung auf das Aussterben der nordaustralischen Mistrollkäfer hatte, oder ob der Paarreim ein adäquates Mittel in sozialistischen Gedichten sei, um kapitalistische Dekadenz auszudrücken. Ich sah uns schon bis nachts um drei hier sitzen und schwafeln. Aus diesem Grunde wollte ich mit den heiligen Worten: "...ich habe kein Problem damit, daß du hier bist. Ich habe mich lediglich gewundert, daß es dich in eine Szenekneipe verschlägt und ausgerechnet noch, wenn ich da bin..." die Szene abschließen und meinen Seelenfrieden nicht aufs Spiel setzen.

Aber weit gefehlt! Er grinste dreckig und erwiderte: "Meinst du tatsächlich, daß ich gekommen bin, weil **du** hier bist? Nein, ich bin gekommen, weil ich deine Kneipenkritik über dieses Lokal gelesen habe."
"Ach, und wie fandest du sie?"
Ich versuchte, das Thema zu wechseln und dadurch die Katastrophe zu verhindern.
"Ganz nett, aber..."
Er wurde von Peter, dem Wirt, der an unseren Tisch kam, unterbrochen: "Kann ich euch noch etwas bringen?"
Otto antwortete sofort altklug: "Mir hast du ja **noch** nichts gebracht, also kannst du mir auch nicht **noch** was bringen. Ich bekomme ein Alt. Und dem jungen Herrn hier...", er deutete auf mich, "... dem bringst du am besten mal eine Tüte Toleranz."
Peter war mehr als irritiert, und ich sah die Lawine auf mich zu rollen.
Stöhnend brachte ich hervor: "Bring' mir **noch** ein Kölsch, bitte."
Peter düste ab, und ich nutzte die Gelegenheit, auf die Toilette zu verschwinden.

Als ich wiederkam, da standen die Getränke auf dem Tisch. Peter hatte sich leichtsinnigerweise zu Otto gesetzt. Von weitem hörte ich, daß Otto laut auf Peter einredete. Als ich näher kam, da verstand ich auch die Worte, aber ich glaubte, daß ich falsch hören würde.
"...wenn der Jojo tolerant sein soll, dann hätte der mich nicht gefragt, was ich hier wollte. Er war immer schon intolerant. Weißt du, ich kenne ihn nun schon seit acht Jahren, also noch aus der Zeit vor seinem Coming Out. Und er hat während des Coming Outs immer zu mir gesagt: Otto, ich habe das Gefühl, ich bin nicht normal."

Ich war entsetzt! Nicht nur, daß es Peter nichts anging, was ich während meines Coming Outs gesagt hatte, nein, ich war mir auch sicher, daß ich **das** so nicht gesagt hatte. Ich doch nicht! "Moment mal", ich mischte mich ein und setzte mich schnell hin, "so etwas habe ich nie gesagt. Wir Schwulen sind genauso normal wie der Rest der Bevölkerung."

Otto schlug triumphierend mit der Faust auf den Tisch, so daß die Gläser auf dem Tisch bedenklich schwankten, und grölte: "Siehst du, du hast doch ein Problem damit. Wenn ich schon höre ‚wir Schwulen' und ‚der Rest der Bevölkerung'... Das ist doch eine ganz klare Abgrenzung. Merkst du nicht, wo du ein Problem mit deinem Schwulsein hast?"

Ich schnappte nach Luft und Peter blieb der Mund offen stehen. Otto kartete nach: "Merkst du denn nicht, wie intolerant du bist?" Ich verschluckte mich am Kölsch und hustete. Peter hielt das Ganze für einen Spaß und sagte leichtsinnigerweise: "So wie ich Jojo kenne, hat er mit seinem Schwulsein eigentlich kein Problem. Wenn ich das richtig einschätze, gehört er zu den Schwulen in Mönchengladbach, die noch am offensten leben. Und er tut auch eine Menge für die Schwulen."

Otto lächelte Peter nachsichtig an.
"Siehst du, und genau da zeigt sich ja sein Problem. Warum engagiert er sich denn immer wieder in einer Schwulengruppe? Warum hat er schwules Radio gemacht? Warum sitzt er hier in einer Schwulenkneipe? Warum hat er sogar eine **schwule** Mailbox betrieben, die auch noch ‚Gaycomm' hieß? Warum kümmert er sich um arme Comingoutler, die zu entgleisen drohen?"

Er machte eine theatralische Pause und holte tief Luft. Mir brach währenddessen der Schweiß aus.
"Ich sag's dir, Peter: Weil er sich als etwas Besseres sieht! Er hält die Schwulen für eine elitäre Bevölkerungsgruppe."

Ich schluckte und stellte fest, daß ich heftigst hyperventilierte. Peter sah mich irritiert an und suchte mit Panik in den Augen einen Weg, sich der Diskussion zu entziehen. Ich warf ihm einen flehenden Blick zu. Er sollte nun seinen Mund halten und Otto nicht noch weiter anheizen. Mittlerweile hatte ich ein dumpfes Gefühl in der Magengegend. Aber was sollte ich tun? Ich versuchte es noch einmal argumentativ.

"Otto, wenn du das so siehst, dann ist jeder Kaninchenzüchterverein eine Abgrenzung zur Restbevölkerung." Tolles Argument, ich war stolz auf mich und klopfte mir in Gedanken auf die Schulter. Aber ich hatte nicht damit gerechnet, daß Otto an diesem Tag in Höchstform war.

"Ja klar, so ist es doch!" Er nahm einen großen Schluck aus seinem Glas. Peter sah seine Chance.

"Willst du noch ein Alt?"

"**Noch** ein Alt, ja bitte. Und nebenbei, liebster Jojo, das Rainbow-Flag-Abzeichen, das du da trägst, ist ja schon wie ein Parteiabzeichen, eine Abgrenzung vom angeblich Normalen."

Peter ergriff das leere Glas und dann schnell die Flucht. In meinem Kopf drehte sich alles. Ich wurde sauer und unsachlich.

"Du als Hete kannst das ja gar nicht ermessen. Du betrachtest das Ganze ja aus deiner sicheren Position von draußen."

Ich weiß, daß ich eine masochistische Ader habe, denn das zu sagen, war mehr als selbstquälerisch gewesen,... wenn man Otto kennt.

"Hah!" Otto triumphierte. "Da haben wir es ja schon wieder. Wenn du mich als Hete bezeichnest, dann machst du schon wieder eine Abgrenzung. Du hast echt ein Problem damit, mein Junge."

Ich zitterte am ganzen Körper. Verzweifelt versuchte ich zu argumentieren.

"Aber du bist doch eine Hete, oder nicht?!"

"Ich hasse dieses Wort! ‚Schwul', okay, aber ‚Hete' klingt fürchterlich. Dein Problem wird immer offensichtlicher."

Ich war den Tränen nahe.

Total in mich gekehrt und apathisch stand ich auf, knallte mit starrem Blick dem Wirt einen Zehnmarkschein auf die Theke murmelte "Stimmt so!" und verschwand durch die immer noch offene Szenekneipentür. Draußen rupfte ich das Rainbow-Flag--Abzeichen von meiner Hemdtasche und warf es in den Rinnstein schluchzte einmal laut auf und fuhr wie in Trance nach Hause. Ich schwor mir unterwegs, nie, nie wieder in eine Szenekneipe zu gehen. Zu Hause löschte ich zuerst die Festplatte meines Mailboxrechners und zerriß alle Bilder von leichtbekleideten Herren in kleine Fetzen.

Danach verbrannte ich alle Blätter meines Telefonregisters einzeln im Aschenbecher. Die Jimmy-Somerville-, Erasure- und

Rainer-Bielfeldt-CDs flogen im hohen Bogen in den Mülleimer. Die Kondome übergab ich dem Biomüll und das Gleitgel spritze ich in die Toilette. Den Pornovideokassetten rückte ich mit einer Schere zu Leibe. Dann zerschnitt ich noch alle Hankys und zerfetzte sämtliche Schwulenzeitungen. Als dies erledigt war, rief ich meine Eltern an und verkündete feierlich, daß ich nun ein Partnervermittlungsinstitut damit beauftragen würde, mir eine Frau zu suchen und sie sich schon einmal seelisch und körperlich auf eine Hochzeit in etwa einem halben Jahr einstellen sollten, oder sich damit abfinden müßten, daß ich ins Kloster gehen würde. Den Schreikrampf meiner Mutter wartete ich erst gar nicht ab und legte auf. Laut heulend warf ich mich auf das Bett und schluchzte mich in den Schlaf. Der letzte Gedanke war der, daß ich morgen einen Brief an die Aids-Hilfe schreiben und meinen Austritt erklären würde. Mir war vollkommen klar: Nun hatte ich ein Problem!

Jojo, hast du damit ein Problem?
[2. Teil]
oder
,The empire strikes back!'

Eigentlich hätte es ein übler Abend werden sollen - und dazu noch brütend heiß. Aber mir ging es wieder gut und ich hatte mich wieder erholt. Zwei Wochen hatte ich gebraucht, bis ich den Schock überwunden hatte, den Otto Olivier, mein Hetenfreund, mir zugefügt hatte. Ich habe mein Rainbow-Flag-Abzeichen wieder an meine Hemdtasche geheftet, bekam keine Heulkrämpfe mehr und ging wieder in Szenekneipen. Die Festplatte meines Mailboxrechners habe ich mit Hilfe eines Backups wieder hergestellt und mir neue Zeitungen mit Bildern von leicht bekleideten Herren gekauft. Danach besorgte ich mir ein neues Telefonregister und sammelte fleißig neue Nummern. Die Jimmy-Somerville-, Erasure- und Rainer-Bielfeldt-CDs habe ich noch aus dem Mülleimer gefischt, bevor die Müllabfuhr kam. Kondome, Gleitgel und diverse Toys waren schnell wieder zusammengestellt. Pornofilme kopierte ich mir bei Freunden und Hankys sind im Sommer sowieso zu warm um den Hals. Meine Eltern rief ich an und behauptete, daß eine Lebensmittelvergiftung an meiner Krise schuld gewesen sei, und daß ich schwul bleiben würde. Den Schreikrampf meiner Mutter wartete ich erst gar nicht ab und legte auf. Laut lachend warf ich mich aufs Bett und kicherte mich in den Schlaf. Der letzte Gedanke war der, daß ich morgen Rache üben würde und zwar fürchterliche Rache. Ich wußte zwar noch nicht wie, aber mir war vollkommen klar: Herr Otto Olivier hatte nun ein Problem! Nämlich mich.

Ich saß also wieder gut gelaunt in meiner Kneipe und trank ein kühles Kölsch. Die Türe stand auf, weil es immer noch so warm war. Das Lokal war ansonsten leer, aber das störte mich nicht, denn das unterstützte meine Rachepläne noch. Ich sah in den Augenwinkeln, daß jemand durch den Eingang schritt und auf die Theke zusteuerte. Ich traute meinen Augen nicht, denn mein Heten-Bekannter Otto Olivier war nicht alleine gekommen. Er hatte sein zweites ich, seinen ständigen Begleiter Jörg dabei. Nun konnte es beginnen. Er rechnete natürlich nicht damit, daß ich wieder genesen war und so übersah er mich, bis ich lautstark rief:

"Hi Otto, was machst du denn hier?"
Diesmal war es keine Floskel, um die Kommunikation zu beginnen, sondern der Beginn einer süßen Rache. "Warum sollte ich nicht hier sein?" fragte er fast automatisch, so als ob ich den Kniesehnenreflex bei ihm ausgelöst hätte. Und richtig, da kamen auch die segensreichen Worte: "Hast du damit ein Problem?"

Ich reagierte gar nicht, sondern trank vorher einen großen Schluck aus meinem Glas. Ich ahnte, was nun kommen würde. Mir tat es diesmal gar nicht leid, daß ich meine große Klappe nicht hatte halten konnte. Diesmal würde ich ihn fertig machen, ...diesmal würde er dran glauben müssen!
"Nein, warum sollte ich damit ein Problem haben? Du kannst schließlich gehen, wohin du willst."
Er drehte sich um und wurde leichenblaß. Seine Augen waren so groß wie Untertassen und sein wäßriger Blick verriet Panik. Er konnte nur noch stammeln:
"Du hier?"

Ich blies meine Fingernägel an, als ob ich Nagellack trocknen wollte und entgegnete seelenruhig: "Hast du damit ein Problem? Alleine schon, daß du dir darüber Gedanken machst, zeigt mir, daß du ein Problem mit Heten-Dasein und Schwulsein im Allgemeinen hast."

Diesmal würde ich ihm ein Problem ans Bein labern. Er würde schon sehen! Ich zügelte meine sadistischen Gedankengänge und freute mich darauf, eine Nacht mit ihm darüber zu diskutieren, ob man nun auf Ölplattformen Ferienwohnungen bauen sollte, ob es anrüchig war, mit ,Flairy Ultra' die Haare zu waschen (er tat das nämlich), oder ob eine Lebertransplantation den ehemaligen Staatsraatsvor-sitzenden Erich Honecker nicht nur das Leben ge-rettet hätte, sondern ihn im christlichen Sinne hätte umdenken lassen und er in die CSU eingetreten wäre. Ich war bereit, komme was da wolle! Ich sah uns zwar schon bis tief in die Nacht hier sitzen und schwafeln, aber ich hatte extra einen Tag Urlaub ge-nommen. Er war eh arbeitslos, also machte ihm das nichts. Es konnte losgehen. Plötzlich hatte ich ein Déjà-vu-Erlebnis.

Er sagte nämlich: "Ich habe kein Problem damit, daß du hier bist. Ich habe mich lediglich gewundert, daß es dich jetzt noch in eine Szenekneipe verschlägt und ausgerechnet noch, wenn ich da bin..." Ich grinste dreckig und erwiderte: "Meinst du tatsächlich, daß ich gekommen bin, weil du hier bist? Nein, ich bin gekommen, weil ich eine neue Kneipenkritik über dieses Lokal schreiben will."

Stop! Das war unbefriedigend. Alles wiederholte sich, nur mit vertauschten Rollen. Ich mußte dieses Szenario unterbrechen. Kurz überlegte ich, dann rief ich zu Peter, dem Wirt, der staunend hinter der Theke stand, hinüber, daß er Jörg und Otto jeweils ein Alt und mir ein Kölsch bringen sollte. Für Otto war das zuviel. Er nutzte die Gelegenheit auf Toilette zu verschwinden.

Er sah so aus, als würde er nicht so schnell wiederkommen. Deshalb wendete ich mich Jörg zu. Auf den Jungen hatte ich schon vorher ein Auge geworfen. Und er war Ottos bester Freund. Jörg war auch Hete, zumindest behauptete er das. Da kam mir eine hervorragende Idee. Ich schwang meinen in knallenge Jeans eingepackten Apfelpopo in Richtung Tresen, wo Jörg ein wenig verschüchtert stand und mit ängstlichem Blick, sich an seinem Bier festhaltend, dem Schicksal entgegensah, mir. Diesmal war ich sein Schicksal! Ich öffnete noch einen Hemdenknopf und setzte meinen Verführerblick auf. Dem konnte keiner widerstehen, jedenfalls kein Schwuler. Und diese Scheinhete würde ich nun knacken und zwar noch ehe Otto seinen kleinen Piepmatz wieder in sein Gefängnis gesperrt hatte.

"Hi!" Ich klimperte mit den Augen und schmollte ein wenig mit den Lippen. Marilyn wäre neidisch gewesen.
"Hi", kam es sehr unsicher von ihm zurück. Ich streckte ihm die Hand hin.
"Wir kennen uns doch schon. Ich bin Jojo."
"Ich bin Jörg."
Er ergriff meine Hand und schon war die Venusfliegenfalle zugeschnappt. Ich ließ seine Hand nicht los, als ich mit Zara-Leander-Stimme sagte: "Ich habe dich schon vorherr mit Otto zusammen gesehen. Ich bin ein wenig eifersüchtig auf ihihhn."
Er sah mich erschreckt an: "Wi... Wieso?"
Der Leim trocknete bereits.
Ich ließ seine Hand nicht los: "Weil ich dich seeehrrr nett finde."

Ich setzte die andere Hand ein und streichelte ihm über den Kopf. Dabei zog ich ihn langsam an mich heran. Er war wie betäubt. Kein Wunder, denn ich hatte schon oft das Dschungelbuch gesehen und wußte von der Schlange, wie man Leute hypnotisiert. Mit allem Charme, den ich hatte, sagte ich: "Du siehst so gut aus... Nimm alles von mir!"

Das Timing war perfekt. In dem Moment berührten sich schon unsere Körper, und ich schlang meinen freien Arm auf seinen Rücken. Er war willenlos. Ich drückte ihm sanft einen Kuß auf die Lippen und sah ihm dabei aus sehr geringer Entfernung in die Augen.
Ich hauchte: "Küß' mich richtig!"
Dann trafen sich wieder unsere Lippen. Ich öffnete leicht meinen Mund. Er tat es auch und so drang ich leicht ein und traf seine feuchte und warme Zunge. Ich dachte nur noch: ‚Laß dich fallen, Junge!' Und als ob er Gedanken lesen könnte, merkte ich, wie der letzte Rest seines Widerstandes dahinschmolz. Ich hatte ihn geknackt. Ich küßte ihn besinnungslos. In dem Moment kam Otto wieder. Ich sah ihn nicht, aber ich hörte ihn. Er tat einen Schrei und fiel mich von hinten an. Er riß mich von Jörg weg, der noch ganz benommen war.
"Läßt du wohl meinen Freund in Ruhe? Er ist eine Hete."
Ich legte meinen Arm um Jörgs Rücken und zog ihn wieder seitlich an mich, so daß wir beide der Erzhete gegenüberstanden.
Scheinheilig erwiderte ich: "Oh, das wußte ich nicht!"
"Natürlich wußtest du das!"
"Ach Jörg, entschuldige, aber war es denn so schlimm?"

Ich sah Jörg erwartungsvoll an. Jetzt kam es drauf an, wie gut ich ihn geküßt hatte. Er schüttelte langsam und benommen den Kopf. Innerlich spielte eine Blaskapelle den Radetzky-Marsch, außen sagte ich nur arrogant "Ach!" und drehte mich lächelnd zu Otto. Der wollte mir Jörg entreißen, aber ich war schneller und zog ihn weg.
"Moment mal, liebster Otto! Ich würde sagen, daß sich Jörg in diesem Fall doch selbst entscheiden soll."
Zu Jörg gewandt sagte ich mit geballtem Charme: "Findest du es so unangenehm, daß ich dich im Arm halte, dich küsse und dir dabei jede erdenkliche Zärtlichkeit geben kann..."
Otto wollte gerade den Mund aufmachen, als Jörg leise, fast unhörbar antwortete: "Ich möchte hier bleiben..."

Dabei streichelte ich ihm mit der Hand, die inzwischen unter sein T-Shirt gerutscht war, sanft über den Rücken. Ich drehte den Kopf zu Otto und mein Lächeln schmolz wie ein Eiswürfel in einer vollbesetzten Sauna: "...oder willst du mit Otto weiter durch die Kneipen ziehen und dich vollaufen lassen, blöde Weiber anbaggern und vielleicht heute abend noch in eine typische Hetenschlägerei verwickelt werden?"
Ich drehte meinen Kopf wieder zu Jörg und drückte ihm einen Kuß auf den Mund. Diesmal öffnete er die Lippen und seine Zunge kam mir entgegen. Strike!!! Hinter meinem Rücken hörte ich Otto heftig hyperventilieren und dann mit tränenerstickter Stimme brüllen: "Nein! Das gibt es doch nicht. Jörg, du hast mir nie gesagt, daß du auch... Um Himmels willen, sind denn alle Männer schwul?"
Dann hörte ich die Kneipentüre knallen und Otto war wieder verschwunden. Ich löste mich von Jörg, sah Peter, den Wirt, an und schüttelte theatralisch den Kopf: "Tsss, diese Heten, die können sich auch nirgendwo benehmen."
Ich lachte laut los. Peter und Jörg fielen in mein Lachen ein.

Später hörte ich, daß Otto, der Erzhete öfter mal mit einem Rainbow-Flag-Abzeichen gesehen wurde. Er soll nun auch Jimmy-Somerville-, Erasure- und Rainer-Bielfeldt-CDs hören. Jörg kam nun öfter in meine Szenekneipe und hat schon das ein oder andere Angebot zur Übernachtung wahrgenommen. Zudem sind beide offizielle Vollmitglieder in der Aids-Hilfe geworden. Letzte Woche wurde Otto dort völlig abgehärmt gesichtet, wie er sich ganz verstohlen eine Szenezeitschrift unter die Jacke steckte. Mir war vollkommen klar: Nun hatte er keine Probleme mehr! Höchstens noch das mit seinem Coming-out. Aber das ist eine andere Geschichte und soll ein anderes Mal erzählt werden.

Jojo und der Heiratsschwindler

"Man wird ja nicht jünger...", sagte meine beste Freundin Bernadette.

"Jahh...", seufzte ich in meinen Tee, "das stimmt allerdings."

"Weißt du, ich mache Schluß."

Entschlossenheit glänzte in den Augen meiner allerbesten Bernadette. Erschrocken blickte ich auf.

"Liebchen, so schlimme Falten hast du nun auch wieder nicht. Wenn du die Nachtcreme nehmen würdest..."

"Ach Quatsch", fiel er mir ins Wort, "ich mache Schluß mit dem Lotterleben. Jeden Abend einen anderen Aufriß, jeden Morgen ein anderes Gesicht beim Frühstück."

"Puh, ich dachte schon du meinst..."

"Nein, so etwas würde ich nicht machen. Ich habe einfach dieses Leben satt. Ich will einen Mann."

Da waren sie also wieder, die alljährlich wiederkehrenden Frühjahrsdepressionen. Jedes Jahr, pünktlich zum Frühlingsanfang, stellten sich bei uns beiden diese Stimmungsschwankungen ein.

"Ach Liebes, sei doch mal vernünftig. Nun haben wir es beide schon jahrelang probiert, und was kommt dabei heraus?"

"Genau das ist es, Jojo. Ich habe es satt. Wir werden noch zu zwei alten Jungfern, wenn wir nicht bald was unternehmen."

"Na hör' mal! Ich bin keine alte Jungfer! Und du mit deinen 26 Jahren kannst dich nun auch nicht gerade alt nennen. Wenn du über 30 wärst, ja dann..."

"Das sind nur noch vier Jahre!"

"Ja und?"

Bernhard setzte seine Tasse entschlossen auf den Tisch und sprang auf.

"Ich habe keine Lust meine alten Tage alleine zu verbringen und außerdem habe ich es satt, mich jeden Morgen an einen neuen Namen gewöhnen zu müssen. Wo hast du die Zeitungen?"

"Die mit den Kontaktanzeigen?"

Ich sprang auf und ging zum Schrank, nahm einen Stapel Zeitungen heraus und gab sie Bernhard.

"Hier sind sie. Aber da steht nichts Vernünftiges drin."

Bernhard nahm sich den Stapel und setzte sich damit auf mein Sofa.

"Aha! Also hast du sie schon durchforstet?"

Ich fühlte mich ertappt.

"Nein, ich schaue automatisch immer mal rein."

Inzwischen hatte er die erste Zeitung aufgeschlagen.

"Ach, du schaust nur so mal durch? Und was ist das hier? Hier sind am Rand überall Notizen."

"Ja, ähm...", stammelte ich.

"Ach, laß mal", winkte die Herzallergütigste ab, "ich verstehe dich ja. Du, schau' mal hier... Mittzwanziger, blond, 1,85 groß, sportlich, sucht einen ebensolchen, männlichen Kerl."

Ich lachte: "Erstens bist du kein Kerl, Schatz, zweitens bist du zu klein und zu schwarz. Na ja, ich würde dich schon nehmen..."

"Neenee, laß mal! Das hatten wir schon. Ich kann nicht auf dich und das weißt du. Außerdem bin ich in Wirklichkeit blond... und nur das zählt."

"Ja, manchmal bist du wirklich blond. Du kannst dich doch nicht einfach umfärben, bloß weil es ein Typ so will. Ich selber bin immer sehr mißtrauisch, wenn jemand solche klaren Vorstellungen hat, was das Aussehen betrifft. Die Typen kannst du meistens vergessen."

"Ja, weil es keinen Mann gibt, der auf klein, dick, haarlos und tuckig steht."

"Giftspritze! Soll ich dir einen Spiegel holen?"

"Friede! Ich weiß ja... Aber was soll ich machen? Designerklamotten helfen zwar, aber der Rest. Eine Verschönerung meinerseits würde einer Entleibung nahekommen."

"Ach, sag' so etwas nicht. Hauptsache dein Charakter stimmt."

"Du, hör' mal hier: Er, 20, 1,75 m, gut gebaut, will intelligenten, lieben Mann zwischen 25 und 30. Aussehen zweitrangig."

Ich sprang auf Bernadette zu und riß ihr die Zeitung aus der Hand.

"Wo, laß mal schauen! Sollte ich das übersehen haben?"

"Ne, ich habe ihn zuerst gesehen!"

Ich drückte die Zeitung schützend an meine Brust.

"Nichts da, das ist meine Zeitung. Hol' dir selber eine, wenn du einen Mann suchst."

"Eifersüchtiges Luder! Ich mache dir einen Vorschlag: Den rufen wir an, und dann soll er selber entscheiden, wer von uns beiden in Frage kommt."

"Du hast doch gar keine Chance, wenn ich meinen Charme spielen lasse."

"Ja, vielleicht am Telefon... Aber irgendwann mußt du ihm ja mal von Angesicht zu Angesicht gegenüberstehen. Dann hast du verspielt."

"Schatz, bis der mich sieht, hat er sich schon längst in mich verliebt."

"Angeber!"

"Selber!"

"Nun gib' schon die Telefonnummer. Wir sollten gleiche Chancen haben. Ich schlage vor, daß wir bis morgen Abend 20.00 Uhr warten. So hat jeder von uns den gleichen Start."

Ich überlegte, immer noch die Zeitung an mich gepreßt.

"Okay, du sollst die Nummer haben."

Ich schlug die Zeitung auf und las laut vor: "0211-56433642. Hast du sie?"

Er schrieb sie eilig in sein Notizbuch.

"Jojo? Laß' sie mich sicherheitshalber noch einmal sehen. Ich brauche die Daten der Anzeige."

Ich reichte ihm zögernd die Zeitung. Er schlug sie auf und las. Ich pfiff und zählte die Fliegen an der Decke.

"Du Schuft! Die Nummer hat einen Zahlendreher! Sie ist 0211-56433624 und nicht 42 am Ende. Du betrügst!"

"Ich?"

Ich setzte meine Unschuldsmiene auf.

"Ich habe dir die Nummer richtig gesagt. Du hast sie nur nicht richtig notiert."

"Na, wenn schon, ich habe nun die gleichen Chancen."

"Also abgemacht, Liebes, vor morgen Abend 20.00 Uhr ruft keiner von uns beiden an."

"Abgemacht!"

"Schwör' mir das Tuckenehrenwort."

"Okay, das Tuckenehrenwort."

"Bei der Ehre von Marianne Rosenberg?"

"Bei der Ehre von Marianne Rosenberg!"

"Na gut, das dürfte reichen, denn auf die läßt du ja nichts kommen."

Die gute Bernadette stand auf und hatte es auf einmal sehr eilig.

"Ich muß noch jede Menge Hemden bügeln. Wir telefonieren dann morgen."

Ich gab meiner besten Freundin einen Kuß: "Bis morgen, Liebes."

Sie schwebte die Tür hinaus. Ich kam ins Grübeln. Soso, Hemden bügeln wollte sie? Verdächtig! Sie haßt nichts mehr als Hemden zu bügeln. Ich griff schnell zum Telefon, um zumindest die Zeit, die sie brauchen würde, um bei sich zu Hause das Telefon zu erreichen, als Vorsprung zu haben. Langsam wählte ich die Nummer aus der Zeitung.

Es klingelte viermal und dann sagte eine männliche Stimme: "Hallo?"

Ich holte tief Luft und faßte mir ein Herz. Wenn ich die Wette nicht abgeschlossen hätte, dann würde ich nun schnell wieder auflegen. Aber der Ehrgeiz war stärker als meine Angst.

"Hi, hier ist Jojo. Ich rufe an, weil ich weiß, daß du auf meinen Anruf gewartet hast."

Toller Anfang. Ich lobte mich. Von der anderen Seite kam nach einer Gedenksekunde für gefallene Mädchen: "Hmm...?!"

Einen Augenblick wurde ich unsicher und verglich noch mal die Nummer in der Zeitung mit der Nummer auf meinem Display. Sie stimmten überein.

Ich kartete nach: "Ja, ich habe so ein Gefühl gehabt, daß es besser wäre, wenn wir uns kennen würden."

"Wer ist denn da?"

"Jojo! Du kennst mich nicht. **Noch** nicht! Ich habe deine Telefonnummer aus der Zeitung und es war mir so, als würdest du **mich** ansprechen."

Sofort schaltete die Stimme auf geschäftsmäßig um.

"Ach so, du rufst auf meine Kontaktanzeige an."

Ich hörte es im Hintergrund rascheln.

"Moment mal, ich muß mir etwas zu Schreiben zurechtlegen."

"Wieso das denn?"

"Sonst weiß ich hinterher nicht mehr, wer wer ist."

"Ach, bekommst du denn so viele Anrufe?"

"Ja klar! Ich habe hier ein Buch. In das trage ich alle Leute ein."

"Oh!"

"So, nun können wir beginnen. Auf welche Anzeige hast du denn geantwortet?"

"Na, die mit dem ,Er, 20, 175, gut gebaut will intelligenten, heben Mann zwischen 25 und 30. Aussehen zweitrangig'."

"Ja", kam etwas gelangweilt von der anderen Seite, "so lauten alle Anzeigen. Ich wollte wissen, aus welcher Zeitung du die Anzeige hast."

"Du hast wohl mehrere Anzeigen aufgegeben. Das finde ich gut.

Daran sieht man, daß du es wirklich ernst meinst."

"Welche Zeitung?" kam nun harsch aus dem Hörer. Ich hörte einen Stift auf Papier kratzen.
"Die Rosa Box."
"Okay, warum nicht gleich so."
So langsam kam ich mir vor wie beim Verhör.
"Bist du Nichtraucher?"
"Nein!"
"Also, du bist Raucher?" drang es etwas abwertend durch die Muschel. Ich wurde unsicher.
"Ja, ich bin Raucher... gibt es denn noch eine dritte Möglichkeit?"
Ich versuchte es mit einem gequälten Witz. Ich zögerte, als ich den Stift wieder kratzen hörte und schob schnell nach: "Aber ich rauche nicht viel und außerdem nur Lights."
Es kratze weiter.
Er murmelte: "Na ja, das wird sich dann ja sowieso von selber regeln."
"Was meinst du denn damit?"
"Und wie würdest du dich beschreiben?" fragte er unerbittlich weiter, so als hätte er meine Frage nicht gehört.
"Moment mal, ich dachte..."
"Was dachtest du?" lauerte der Feind auf der anderen Seite.
Ich sah ihn schon den Stift ansetzen und in einem imaginären Feld für ,Bockigkeit' ein Kreuz machen, als ich mich zusammenriß und nachschob: "Ach nichts..."
Es kratzte wieder auf Papier. Mist. Was konnte ich denn noch sagen?
"Also, wie würdest du dich beschreiben?"
"Ich bin etwa 1,75 groß... aber ich dachte, daß das keine Rolle spielen würde, und außerdem weiß ich von dir noch gar nichts."
Es kratzte wieder. Er mußte wohl einen von diesen dicken ,Eddings' benutzen.
"Na gut, wenn du damit nicht rausrücken willst... Machen wir hier weiter...", er blätterte.
"Seit wann ist deine letzte Partnerschaft beendet?"
Nun platzte mir der Kragen: "Jetzt reicht es aber. Soll das hier versteckte Kamera sein? Ich finde das aber nicht mehr lustig."

Kurz überlegte ich, den Hörer aufzuknallen, dann fiel mir aber ein, daß Bernhard mich herausgefordert hatte. Schnell, leider zu spät für das Kratzen, fügte ich hinzu: "Was hältst du davon, wenn wir uns mal treffen? Ich finde das am Telefon recht unpersönlich. Meinst du nicht, es wäre besser, wenn man das alles von Angesicht zu Angesicht besprechen würde?"

Auf der anderen Seite trat ein Zögern ein. Die Leitung knackte vor Spannung.

"Na gut, wenn du willst."

Es blätterte wieder.

"Ich muß mal in meinen Terminkalender schauen. Da habe ich am Donnerstag vormittag um 9.00 Uhr noch einen Termin frei."

"Nein, das geht nicht, ich muß doch arbeiten."

Es kratzte wieder.

"So? Du arbeitest?"

Ich fühlte mich schuldig.

Etwas kleinlaut erklärte ich: "Ja, ich muß immer von 8.00 Uhr bis 17.00 Uhr arbeiten. Samstags und sonntags habe ich frei."

Es kratzte wieder. Ich war nun soweit ihm jedes Verbrechen zu gestehen.

"Na gut, dann werde ich den Termin in Köln umlegen. Wir könnten uns am Mittwoch abend ab 22.00 Uhr sehen."

Ich schluckte. Wenn ich nun sagen würde, daß mir das zu spät wäre, wäre das ein Minus- oder Pluspunkt? Ich war total verunsichert. So willigte ich ein, denn wenn ich am Donnerstag morgen unausgeschlafen wäre, dann wäre das zu verkraften.

"Gut, dann treffen wir uns doch einfach in Düsseldorf im ‚Café Midnight'."

Ich war erleichtert.

"Gut, am Mittwoch um 22.00 Uhr im ‚Café Midnight'. Ich weiß, wo das ist."

Es kratzte wieder.

"Wie erkennen wir uns?"

"Ich trage ein weißes Hemd und eine rote Weste."

"Okay, ich habe eine schwarze Lederjacke an und habe eine Handtasche dabei. Bis dann... Tschüs!"

"Ja, Tschüs."

Leise legte ich den Hörer auf, um das Kratzen zu unterbrechen. Ich wischte mir die Schweißperlen von der Stirn.

Ungeduldig schaute ich auf die Uhr. Ich saß im ‚Café Midnight' und es war erst 21.15 Uhr. Noch eine Dreiviertelstunde bis mein

Inquisitor eintreffen würde. Oder war er vielleicht schon da und beobachtete mich? Ich sah mich unauffällig um. Außer den drei gutaussehenden Kellnern, die zwischen den Tischen hin und her flitzten, trug hier niemand ein weißes Hemd und eine rote Weste. Da fiel es mir wie Schuppen aus den Haaren. Wenn es denn nun einer der Kellner sein würde? Ich drehte den Kopf nach hinten und schaute einem Kellner nach, der hinter mir ein Tablett vorbei trug. "Kann ich dir noch einen Kaffee bringen?" Ich erschrak bis in die letzte Faser meines schwulen Daseins. Vor mir stand einer der Kellner und schaute mich abwartend an. Ich sah sein weißes Hemd und seine rote Weste mit dem eingestickten Emblem des ‚Café Midnight'. Er sah verdammt gut aus. Da erblickte ich den Notizblock in seiner linken Westentasche. Ob er es war? Wollte er mich testen? Ich erstarrte.
"Ist dir nicht gut?"
"Wieso?" Ich wollte Zeit gewinnen.
"Na, weil du so schwitzt."
Schnell putzte ich mir den Schweiß von der Stirn und lächelte gequält.
"Nein, alles in Ordnung. Mir ist nur ein wenig zu warm hier."

Er zückte den Block und ich zuckte zusammen, als wäre ich geschlagen worden. Was würde er notieren? ‚Nicht belastbar' oder gar ‚Transpiriert leicht' Was sollte ich nur tun?
"Kann ich dir denn noch was bringen?"
Ich hatte auf einmal Kopfschmerzen. Spontan fragte ich: "Habt ihr Aspirin?"
Er notierte etwas.
"Ja, das haben wir. Eine oder zwei Tabletten?"
"Zwei Tabletten."
Wieder notierte er etwas. Was notierte er nur da? ‚tablettensüchtig', ‚drogenabhängig'?
"Und noch einen Orangensaft."
Ich war beglückt von meinem Einfall, denn der O-Saft ist gesund.
"Frisch gepreßten Saft oder aus der Flasche?"
"Frisch gepreßt natürlich!"
Er notierte wie wild, dann schwebte er ab. Ich beobachtete ihn unauffällig weiter. Andere Gäste kamen herein. Ich schaute auf die Uhr. Fast schon 21.25 Uhr. Das würde ich nicht überleben. Ich fühlte mich wie einer dieser kleinen, nervösen Hunde bei den Elektroschock-Versuchen. Hier ist ein Knochen, Bello. Zisch. Den wolltest du doch nicht wirklich, oder?

Ich mußte mal für kleine Mädchen. Schwankend, mit Puddingbeinen, stand ich auf und schritt vorsichtig und langsam an der Theke vorbei in Richtung Toilette. Hinter der Theke hantierte mein weiß-roter Kellner. Er schaute hoch und lächelte. Ich rang mir ein gequältes Lächeln ab und verschwand hinter der Toilettentür.

Aufatmend wischte ich mir den Schweiß von der Stirn, verrichtete meine Dinge und wusch mir sorgsam die Hände, weil es ja sein könnte, daß mein Kellner auf der Lauer lag und mich beobachtete. Ich schaute in den Spiegel. Oh, wie war ich blaß! Plötzlich fiel mir ein, daß in den Polizeifilmen die Spiegel von einer Seite durchsichtig waren, und ich bekam einen Schreck. Ich schnitt hier vor dem Spiegel Grimassen, und sah förmlich, wie mein Kellner hinter dem Spiegel stand und wie wild Notizen auf seinem Block machte. Meine Gesichtszüge erstarrten und ich verkrampfte mich wieder. Dann zwang ich mir ein Lächeln auf und schaute so betörend wie es ging mein Spiegelbild an. Meine Hände hielt ich, während ich Kußmünder und Augenblinzler in den Spiegel warf, unter den Heißlufttrockner.

Ich richtete meinen Kragen und schritt, nicht ohne dem Spiegel noch einen schmachtenden Blick zuzuwerfen, nach draußen in das Café. Dort hatte sich nichts verändert. Ich versuchte, ohne unnötig Aufsehen zu erregen, zu meinem Tisch zu kommen. Ich saß kaum, da kam mein Kellner mit dem Tablett heran und stellte mir eine Untertasse mit zwei Aspirin, einen Orangensaft und ein Glas Mineralwasser auf den Tisch. Er zog meine Karte unter meiner leeren Kaffeetasse hervor und notierte dort die Bestellung. Dann faltete er die Karte wieder zusammen, räumte die leere Kaffeetasse auf sein Tablett und schaute kurz auf die Rückseite meines Deckels, auf der mein Name stand und steckte sie unter die Untertasse mit den Tabletten.
"So, das war der 0-Saft, frisch gepreßt. Die zwei Aspirin und das Wasser gehen auf das Haus, ...Jojo."
Ich schaute ihn betörend an und bedankte mich artig.
"Herzlichen Dank für das Aspirin. Ich scheine heute ein Problem mit meinen Kopfschmerzen zu haben. Das habe ich sonst nie, weißt du. Ich bin nämlich kerngesund und leide unter so gut wie keinen Krankheiten."
Er schaute mich gönnerhaft an, während ich versuchte die Tabletten aus der Verpackung zu drücken. Aber aus irgendeinem Grund klappte das nicht.

80

"Macht ja nichts. Jeder hat mal einen schlechten Tag."
Er schaute auf meine Finger.
"Kann ich vielleicht helfen? Die sind manchmal schwer herauszubekommen."

Ich verneinte heftigst und fummelte weiter an der Rißkante herum. Was würde er sich nun notieren? ,Ungeschicklichkeit', ,Hilfloses Verhalten'? Ich wollte die Dinger mit Gewalt aus der Verpackung bekommen, als plötzlich die Folie nachgab und die Tablette in den 0-Saft fiel. Verflucht! Konnte denn heute nichts klappen? So einfache Sachen wie eine Tablettenverpackung aufreißen waren sonst kein Problem. Aber unter dem Streß der vollkommenen Überwachung drehte ich langsam durch. Ein ,Ups' entrang sich meiner Kehle. Und dann schaute ich der Tablette nach, wie sie langsam versank. Verlegen sah ich meinen Kellner an, der inzwischen ein richtig besorgtes Gesicht machte. Verkrampft lächelnd sagte ich: "Das mache ich immer so", dann riß ich die andere Verpackung auf und ließ die Tablette in den 0-Saft fallen.

"Aber das sind doch normale Tabletten, die sich nicht auflösen."
Mein Kellner schaute zweifelnd.
"Ja, das weiß ich. Aber so merke ich nicht, wenn ich sie trinke."
"Na gut! Wenn du noch etwas brauchst, dann winke einfach."

Er schwebte wieder davon und ging hinter der Bar auf Beobachtungsposten. Ich trank den Saft in einem Zug aus und schluckte dabei die Tabletten herunter. Ein Blick auf meine Uhr sagte mir, daß es nun 21.40 Uhr war. Noch zwanzig Minuten. Was würde dann passieren? Würde er sich zu erkennen geben und mir die Auswertung meines Fehlverhaltens präsentieren? Ich verspürte einen leidenschaftlichen Drang nach einer Zigarette, aber ich traute mich nicht, weil er am Telefon so abwertend darüber geredet hatte.

Nach weiteren fünf Minuten hielt ich es nicht länger aus. Ich fingerte unauffällig meine Packung Lights aus der Innentasche der Jacke und suchte mein Feuerzeug. Ich fand es nicht. Egal, erst mußte ich mal die Packung aufreißen. Ich suchte den durchsichtigen Plastikfoliennippel, mit dem man jede Packung leicht aufbekam. Ich fand ihn nicht. Fluchend hielt ich die Packung unter dem Tisch verborgen und schaute unschuldig in der Gegend herum. Ich zerrte und riß, aber die Folie wollte nicht nachgeben. Schweiß trat mir wieder auf die Stirn und ich wurde noch unruhiger. Gehetzt schaute ich zur Bar, wo sich die Blicke des Kellners und meine

81

Blicke trafen. Ich versuchte ein Lächeln auf meine Lippen zu zaubern. Ich bekam es leidlich hin. Der Kellner lächelte zurück und spülte weiter seine Gläser. Da gab die Folie nach und ich entfernte sie fieberhaft von der Packung. Dann öffnete ich die Schachtel und zog das Silberpapier heraus. Folie und Silberpapier zerdrückte ich zu einem kleinen Ball und steckte ihn unauffällig wieder in meine Tasche. Nur keine Indizien meines Verbrechens auf dem Tisch liegen lassen. Ich fingerte eine Zigarette heraus und steckte die Packung schnell wieder weg. Dann suchte ich nach dem Feuerzeug. Ich geriet in Panik. Es war verschwunden! Ich war mir sicher, daß ich es eingesteckt hatte.

Verzweifelt schaute ich mich um, weil ich einen der Gäste nach Feuer fragen wollte, als schon der Kellner herangeschossen kam, mir ein Feuerzeug unter die Nase hielt und es anschnippte.
"Feuer, Jojo?"
Ich fühlte mich ertappt. Was blieb mir anderes übrig, als mein Verbrechen zu gestehen.
"Ja, danke!"
Ich stecke die Zigarette mit zitternden Händen in den Mund und er zündete sie an. Ich nahm einen tiefen Zug.
"Herzlichen Dank, weißt du, ich habe seit gestern nicht mehr geraucht, und da kam dann ein anderer Gast und bot mir die Zigarette an. Ich bin ja nicht unhöflich, und so habe ich sie angenommen. Ich kann sie nicht einfach ablehnen. Das tut man ja nicht."

Der Kellner schaute mich während meines Redeschwalls mißtrauisch an. Sein Blick wurde immer besorgter. Ich fühlte mich genötigt, mich weiter zu verteidigen.
"Schau, ich rauche wenig und wenn, dann nur ‚Lights'. Ich halte nichts davon, wenn man sich von der Nikotinsucht abhängig macht. Ich kämpfe dagegen an und vermute mal, daß ich in den nächsten Tagen ganz aufhören werde."
Er schaute noch besorgter.
"Es sind ja soviel Umweltgifte in so einer Zigarette. Es ist so ungesund. Und ich will eigentlich nicht rauchen. Okay, wenn ich mir dann doch eine Zigarette anstecke, dann beweise ich Charakterschwäche und wenig Stehvermögen, aber ich bin sicher, daß ich das in den nächsten Tagen in den Griff bekomme."

Er zog einen Stuhl unter dem Tisch hervor und setzte sich. Dann nahm er meine Hand, die bestimmt feucht und kalt war, lehnte sich

82

zu mir herüber und flüsterte: "Sag mal Jojo, dir geht es wirklich nicht gut. Kann es sein, daß du Fieber hast?"
Schnell putzte ich die Schweißperlen von der Stirn und lächelte gequält.
"Nein, ich glaube nicht, denn ich bin fast nie krank. Ich weiß auch nicht was los ist, aber so kenne ich mich gar nicht."
"Du siehst wirklich nicht gut aus."
"Ach was! Das liegt bestimmt am Licht."
"Nein, das liegt nicht am Licht. Warte einen Augenblick."
Er schaute auf seine Uhr. Ich sah die Zeitbombe ticken. Gleich würde er sich zu erkennen geben. Und richtig, denn er sagte:
"Paß mal auf. Ich habe in zehn Minuten Feierabend und dann komme ich noch mal vorbei. Ich ziehe mich kurz um. Nicht weglaufen, ja?"
"Okay, ich laufe nicht weg."
Er sah einfach blendend aus. Seine Augen...
"Versprochen?"
Ich nickte: "Versprochen!"

Er stand auf und ging hinter die Bar, redete dort mit einem anderen Kellner und zeigte auf mich. Der schaute herüber. Er bekam offensichtlich den Auftrag, für die weitere Überwachung zu sorgen. Und richtig, mein Kellner verzog sich in einen Hinterraum, wohl um sich umzuziehen. Ich trank mein Glas Wasser leer. Mein Herz klopfte. Jetzt nur nichts falsch machen. Verstohlen zog ich nochmals an meiner Zigarette, dann drückte ich sie aus. Der andere Kellner kam herüber und brachte mir noch ein Wasser.
"Das geht auch auf das Haus. Ich habe den Auftrag, dir ein neues Wasser zu bringen."
, ...und mich im Auge zu behalten', fügte ich in Gedanken hinzu.
"Herzlichen Dank! Ihr habt hier einen tollen Service."
"Man tut was man kann", sagte der andere Kellner im davonschweben.

Mein Herz schlug immer schneller. Ich bekam den Schweiß nicht unter Kontrolle. Nervös zerrupfte ich einen Bierdeckel auf dem Tisch. Ich bemerkte, was ich tat und steckte, ohne daß mein Inquisitor es mitbekam, die Bierdeckelleichenteile in meine Jackentasche zu der Zigarettenfolie und der Packung Zigaretten. Die Aspirintabletten fingen an zu wirken. Der Druck auf meinen Kopf ließ nach. Ich schaute nochmals auf die Uhr: 21.55 Uhr. Mein Kellner kam in Zivil aus dem Hinterraum und winkte mir zu. Dann gab er dem anderen Kellner den Notizblock und den Stift und flüsterte ihm etwas zu. Dabei deutete er auf mich. Aha, der andere Kellner sollte also weiter beobachten und Notizen machen. Ich setzte mich aufrecht hin und mein junger, hübscher Kontaktanzeigen-Kellner schwebte heran. Nett sah er aus. Ich wollte ihn um jeden Preis. Dann dachte ich an Bernadette. Sie sollte ihn nicht bekommen. Dieser hier gehörte mir. Er zog den Stuhl wieder heraus und setzte sich.

"Besser?"

"Ja, das Aspirin wirkt. Ich muß mich einfach bei dir bedanken. So einen Service ist umwerfend."

Er blinzelte.

"Na, den bekommen auch nicht alle Gäste."

‚Klar', dachte ich, ‚nur die, die auf dem heißen Stuhl sitzen wie ich.'

Er fuhr fort: "Du siehst auch etwas besser aus. Eben hast du mir echt Sorgen gemacht. Ich habe wirklich gedacht, daß du mir hier vom Stuhl kippst. War wohl ein stressiger Tag? Oder hat dich jemand geärgert?"

"Nein, das nicht...", ich warf einen Seitenblick auf den anderen Kellner hinter der Bar. Er war abgelenkt.

"Ich weiß nicht, ob du dir vorstellen kannst, daß ich ein wenig aufgeregt bin. Das hier mache ich nicht häufig. Wenn ich genau sein soll, dann muß ich gestehen, daß das hier das erste Mal ist."

Er sah mich verwundert an. Verständnisvoll lächelte er und sagte: "Wenn das so ist... Dann verstehe ich deine Unsicherheit."

Er lehnte sich zurück und machte eine ausladende Armbewegung.

"Das hier ist nichts Neues für mich. Du verstehst? Ich mache das sozusagen täglich."

Mit großen Augen schaute ich ihn an.

"Ach, das machst Du täglich? Meine Güte."

"Ja, natürlich. Aber zwei Tage in der Woche nehme ich mir frei."

"Und was machst du dann?"

"Och, ich gehe aus und mache so dies und das. Einfach entspannen."

"Ich verstehe. Wenn du das die ganze Woche über machst, dann braucht man schon mal zwei Tage Entspannung."

"Ja sicher. Was hast du denn heute Abend noch vor. Es ist nun 22.00 Uhr, und ich habe frei. Ich weiß nicht, ob du Lust hast, ein wenig spazieren zu gehen."

Klar hatte ich Lust. Alleine schon deswegen, um dieser Notizblockmafia hinter der Bar zu entkommen.

"Bewegung wäre jetzt nicht schlecht. Ich habe mir für heute Abend auch weiter nichts vorgenommen und so habe ich endlos Zeit für dich."

"Ne", er lächelte süß, "wer hätte das gedacht."

Ich glaube, ich bekam in dem Moment einen Pluspunkt. Endlich!

Wir gingen durch die Straßen und schauten in die Schaufenster. Immer mehr hatte ich das Gefühl, daß er mich mochte. Er war einfach so knuffig, daß ich vor Freude hätte laut loslachen können, wenn ich nicht ewig die Angst davor gehabt hätte, mich zu blamieren oder Minuspunkte zu kassieren. Vor den Auslagen eines Möbelhauses blieben wir stehen.

"Ist das Sofa da drüben nicht nett?"

Ich log: "Ja, das ist aber ein Zufall. Genau das gleiche Sofa habe ich bei mir zu Hause stehen."

Das war eine dreiste Lüge, aber für ihn würde ich es sogar kaufen.

"Ach?" Er schaute mir tief in die Augen. "Du bist ein erstaunlicher Mensch. Wir sind jetzt schon an einer Menge Schaufenster vorbeigegangen und alle Sachen, die ich schön finde, die hast du schon. Erstaunlich!"

Ich war begeistert, aber dann wurde ich mißtrauisch. Ich sollte nicht so übertreiben. Meinte er es als Kompliment oder als Kritik?

"Ja? Bin ich das?"

Und dann landeten wir bei ihm zu Hause. Er hauste auf einem Wohnklo mit Kochecke. Es war unordentlich. Sofort fühlte ich den Drang in mir, hier aufzuräumen, konnte mich aber gerade noch bremsen. Ich blieb über Nacht. Wir verabschiedeten uns mit einem Kuß, und er versprach, mich anzurufen.

Ich meldete mich noch von Düsseldorf aus krank. So ein junger, netter Hüpfer kann schon ganz schön anstrengend sein. Zufrieden fuhr ich nach Hause. Ich betrat wie auf rosa Wolken schwebend meine schöne, große, aufgeräumte Wohnung, warf mich erschöpft auf mein Sofa und seufzte. Da sah ich, daß der Anrufbeantworter blinkte. Müde schleppte ich mich hin und drückte die Taste zum Abhören.

[Piep] Hi Jojo, hier ist Bernhard. Rat' mal, mit wem ich gerade telefoniert habe. *[Kichern]* Wir haben ein Date. Er will mich heute abend treffen. Wie weit bist du? Liebelein, er war ein wenig

komisch am Telefon, aber er hat eine nette Stimme. Du solltest dich ranhalten, wenn du noch eine Chance haben willst. *[Piep]"*

Der Anrufbeantworter schaltete zum nächsten Anruf. Es war mein Kellner.

"Hi Jojo, ich bin es. Es war toll, dich zu treffen. Irgendwie habe ich es nicht abwarten können, bis du zu Hause warst. Ich spreche nun auf den Anrufbeantworter. Es ist auch einfacher, es auf Band zu sprechen, als es dir direkt zu sagen: Ich glaube ich habe mich verliebt... in dich, obwohl oder gerade weil du so ein komischer Kerl bist. Ruf' einfach mal an."
Dann nannte er mir eine Nummer.

Der Blitz traf mich. Diese falsche Schlange. Er machte ein Date mit Bernadette und säuselte mir auf den Anrufbeantworter, daß er sich in mich verliebt hätte. Die Männer sind ja so schlecht! Abgrundschlecht! Ich schwor Rache. Aber was sollte ich tun? Bernadette anrufen... ja, das war es. Ich mußte Informationen haben. Ich wählte die Nummer meiner allerliebsten Freundin. Es klingelte zweimal und eine verschlafene Stimme meldete sich.
"Hallo? Wer stört mitten in der Nacht?"
"Hi Schätzchen! Ich bin's, Jojo. Es ist 9.30 Uhr! Zeit zum aufstehen und zum feiern."
"Ach, erst 9.30 Uhr? Bist du wahnsinnig, mich jetzt schon anzurufen? Mußt du nicht arbeiten?"
"Nein, ich habe mir heute frei genommen. Ich habe deinen Anruf abgehört."
"Wo warst du denn gestern abend?"
"Spazieren, aber das ist egal. Ich wollte dir gratulieren. Mensch, du bist ja schneller als der Schall. Ich habe zwar gestern auch probiert, ihn anzurufen, aber es war niemand zu Hause."
Jetzt wurde er wach: "Ja, ist das nicht toll? Ich habe heute Abend ein Date mit ihm und du hast noch nicht mal angerufen. Liebes, die Wette um den Mann verlierst du."
"Und was ist er für ein Typ?! Los, erzähl'!"
"Na gut! Auch wenn du dadurch Informationen bekommst, die du nicht verdient hast. Er ist etwas kühl am Telefon gewesen, aber sofort darauf eingegangen, als ich ihn um ein Date gebeten hatte. Wir treffen uns heute um 19.00 Uhr im Café... *Moment mal!* Warum erzähle ich dir das? Nachher kreuzt du auch auf und versaust mir das Date."

Ich hatte die Information, die ich haben wollte: 19.00 Uhr ‚Café Midnight' in Düsseldorf. Ich grinste wie ein Honigkuchenpferd. "Ja, Schätzchen, da hast du recht. Ich habe diese Information nicht verdient. Ich wünsche dir einen schönen Tag. Viel Spaß heute Abend! Tschüs, ich muß nun Hemden bügeln." "Hemden bü...", hörte ich noch und dann hatte ich schon aufgelegt. Alles klar! Ich würde den beiden Turteltauben die Suppe versalzen. Ich würde da sein, getarnt.

Ich schlich mich in das ‚Café Midnight'. Es war 18.30 Uhr. Als Tarnung hatte ich mich mit einer Zeitung bewaffnet, in die ich vorher fein säuberlich ein Loch geschnitten hatte. Zugegeben, das ist ein alter Trick, aber er wird funktionieren. Ich setzte mich an den äußersten Rand hinter einem großen Ficus verborgen an einen Tisch und schlug sofort die Zeitung auf. Durch das Loch schaute ich erst einmal nach meinem Anzeigenkellner. Der hatte wohl heute frei und würde wohl privat zu dem Date kommen.

Ein anderer Kellner stapfte auf mich zu, baute sich vor mir auf und räusperte sich: "Guten Abend, was darf ich dir bringen?" Ich senkte die Zeitung nicht, sondern sprach mit tiefer, verstellter Stimme: "Einen Kaffee bitte, und ich möchte nicht weiter gestört werden. Wenn ich einen Wunsch habe, dann melde ich mich." Ich sah durch das Loch, daß der Kellner sich zu mir herunterbeugte und in das Loch flüsterte: "Kaffee kommt sofort. Sind sie Detektiv?" Ich erschrak und nahm die Zeitung herunter. Das Gesicht des Kellners hing nun ganz dicht vor meinem.

"Ich ermittle hier, aber das braucht niemand zu wissen. Verstehen sie?" "Ja gut, ich bringe den Kaffee und dann sorge ich dafür, daß sie nicht gestört werden." Ich nahm die Zeitung wieder hoch und beobachtete die Gäste. Bernhard war noch nicht da. Der Kellner kam und brachte mir den Kaffee. Dann beugte er sich wieder zum Zeitungsloch und flüsterte: "Da ist ihr Kaffee. Ich bin an der Bar, wenn sie mich brauchen."

"Flüstern sie nicht immer in mein Loch. Ich kann auch an der Zeitung vorbeihören."

"Okay, darf ich ihnen noch einen Tip geben?"

"Wenn es schnell geht?"

"Sie halten die Zeitung verkehrt herum."

"Oh!"

Etwa fünf Minuten später stolzierte Bernadette ins Café. Sie war aufgedonnert bis zum Exzeß. Außerdem hatte sie sich wieder diese häßlichen Strähnchen machen lassen. Sogar beim Friseur war sie gewesen. Mann, es war der Guten ernst. Sie setzte sich an einen Tisch mitten im Raum. Dort breitete sie sich aus. Demonstrativ legte sie eine gelbe Rose vor sich auf den Tisch, so daß sie jeder sehen konnte, der im Lokal war. Ich beobachtete sie so gebannt durch mein Zeitungsloch, daß ich nicht bemerkte, wie jemand an meinen Tisch trat.

"Hi, Jojo?"

Ich erschrak furchtbar und traute meinen Augen kaum. Da stand mein Anzeigenkellner und lächelte mich an. Ich nahm meine Sonnenbrille ab und war sprachlos.

"Ich war eben in der Küche und da kam Enrico herein und tratschte, daß da ein durchgeknallter, dicklicher Typ mit Sonnenbrille und Loch in der Zeitung sitzen würde. Ich dachte sofort an dich. Ich bin froh, daß du da bist, denn ich habe auf deinen Anrufbeantworter gesprochen. Hast du ihn abgehört?"

"Ja, das habe ich", gab ich mürrisch von mir. Ich war nun wirklich sauer. Der Kerl besaß die Frechheit mich anzusprechen, während sein nächstes Date mitten im Lokal saß und bestimmt schon ganz feucht war. Und dann beleidigte er mich auch noch als durchgeknallten, dicklichen Typ. Unverschämtheit! Ich war nahe davor ihm eine Ohrfeige zu verpassen. Aber ich wollte ihn nun leiden lassen, so wie er mich gestern hatte zappeln lassen.

"Ich bin nur so vorbeigekommen, weil ich nichts zu tun hatte." Er wurde sehr unsicher.

"Und du hast wirklich deinen Anrufabwimmler abgehört?"

"Jaaaa, das habe ich doch schon gesagt."

Er erwiderte traurig: "Und?"

Es war echt gut gespielt. Diese falsche Schlange von einem Kellner war wirklich das Letzte. Ich wurde nun so richtig wütend. Ich platzte geradezu vor Wut und schrie ihn an.

"Du Miststück! Mach hier bloß keinen auf Liebe, *Schatz!* Ich weiß alles über dich. *Alles,* verstehst du? Da hinten sitzt Bernhard, meine beste Freundin. Geh' zu ihr, denn mit ihm hast du ja heute Abend ein Date. Sogar eine Rose hat er dir mitgebracht."

Der Lügenkellner schaute mich an, als wäre ich Zarah Leander ohne Schminke und sperrte den Mund auf. Von hinten hörte ich einen erstaunten Ruf.

"Jojo! Was machst du denn hier?"

Bernadette hatte mich erkannt und kam nun auf uns beide zu. Der Verräterkellner hatte sich gefangen.

"Aber Jojo, bist du nun ganz ausgerastet oder ist das ein Scherz? Wenn das ein Scherz sein soll, dann ist es aber ein ziemlich schlechter."

Bernadette war herangeschwebt.

"Mist, Jojo, du alter, neugieriger Männerfresser. Ich habe so etwas befürchtet."

Dann sah er den Brutus-Kellner.

"Ne, wer ist denn das? Wir kennen uns noch gar nicht."

Er reichte dem Kellner die Hand, aber bevor er sie nehmen konnte, riß ich Bernadette weg.

"Vorsicht, das ist eine falsche Schlange. Das ist dein Date."

"Aber woher kennst du ihn denn? Was wird denn hier für ein Spiel gespielt?"

"Ganz einfach, Liebes. Dieser Mann dort hat das Hobby Männerherzen zu brechen. Gestern hatte er ein Date mit mir - und heute mit dir."

"Na und?"

"Als ich heute Morgen von ihm nach Hause fuhr..."

"Also warst du heute Nacht bei ihm?"

"Du bist ein Schnellmerker! Als ich nach Hause fuhr, da hörte ich den Anrufbeantworter ab. Du hast draufgesprochen und direkt dahinter diese falsche Schlange da und hat mir seine Liebe gestanden."

"Aber der hat doch ein Date mit mir. Wie kann er dir seine Liebe gestehen?"

"Alles Schwindel natürlich! Er hat gestern zugegeben, daß er das hier an fünf Tagen in der Woche macht."

"Was?"

Der Kellner versuchte sich einzumischen.

"Halt die Klappe, Schatz. Nun entlarven wir dich. Spiel nicht den Unschuldigen, du Heiratsschwindler."

Ich zog die immer noch fragend dreinblickende Bernadette weg und schob sie Richtung Ausgang. Sie war so mit denken beschäftigt, daß sie sich ohne zu murren schieben ließ. Gerade als wir an der Ausgangstür angekommen waren und ich noch einmal in das Lokal hinein winken wollte, um mir endgültig einen triumphalen Abgang zu verschaffen, da öffnete sich vor uns die Türe und ein leicht dicklicher, überproportionierter Typ mit Nickelbrille und einer gelben Rose stand in der Türe. Er trug einen Wohnpullover und ausgebeulte Jeans. Um den Hals trug er einen weißen Seidenschal. Wir standen uns direkt gegenüber. Ich wollte schon rufen 'Noch ein Opfer des Heiratsschwindlers!'. Aber ich wurde jäh gebremst. Der Typ klappte den Mund auf und zu, als er Bernadette sah, sah dessen Rose, warf einen Blick auf seine Rose und sagte: "Hallo! Ich vermute, daß du Bernhard bist."

Bernhards Reaktionen waren immer noch durch denken verlangsamt, also fragte ich zurück: "Und wer bist *du?*"

"Ich bin Jörg, der Klavierlehrer. Ich hatte eine Kontaktanzeige aufgegeben und mich für heute Abend hier mit Bernhard verabredet. Und wer bist du und was geht hier vor?"

"Du bist 'Er, 20, 175, gut gebaut, der den intelligenten, lieben Mann zwischen 25 und 30 sucht, dessen Aussehen zweitrangig ist?"

"Ja genau! Woher weißt du das?"

"Ich bin Jojo!", sagte ich noch und dann wurde mir schwarz vor Augen. Das Letzte was ich hörte war: "Jojo? Die Zicke am Telefon von vorgestern, der mich gestern hier versetzt hat?"

Das Nächste, was ich spürte, war ein kalter, nasser Lappen in meinem Gesicht. Ich erschrak und glaubte zuerst, daß ich tot sei, aber da sah ich mehrere Gesichter über mich gebeugt. Ich stöhnte und dann schloß ich wieder die Augen. Hoffentlich sah mich nun keiner mehr. Ich war bis auf die Knochen blamiert.

"Jojo, was machst du denn für Sachen?"

Es war Bernadette. Sie schien mich doch noch zu sehen.

"Aber Jojo, nun kapiere ich endlich was los war. Ich dachte einen Augenblick, daß du nun völlig durchgeknallt wärst."

Das war mein Kellner. Ich öffnete ein Auge.

"Oh, ich möchte sterben", stöhnte ich.

"Um Himmels willen, tu das nicht, ich brauche dich noch."

Das war mein Kellner. Ich öffnete auch das andere Auge und sah ihn ganz an.

"Es tut mir ja so leid, aber das Schicksal spielt mir immer solche Streiche. Ich muß mich ganz furchtbar entschuldigen. Ich schäme mich so. Aber ich nahm an... Ach, das ist ja jetzt egal. Wie soll ich das nur wieder gutmachen?"

Mein Kellner lächelte und sagte: "Vielleicht indem du sagst, daß du mich ein klein wenig magst. Denn so wie das aussieht, hast du das ja aus Eifersucht angezettelt. Und wenn du eifersüchtig bist, dann bedeutet das doch was, oder?"

Ich schluckte.

"Klar bedeutet das was. Ich mag dich. Ich mag dich sogar sehr und ich bin ja so froh, daß du nicht der Anzeigentyp bist."

"Nein, der bin ich in der Tat nicht. Ich habe nie eine Anzeige aufgegeben. Ich arbeite einfach hier. Fünfmal die Woche zur Aushilfe."

"Ich sagte ja schon, daß das Schicksal mir immer und immer wieder solche Streiche spielt. Würdest du mich denn trotzdem mögen?"

Er strahlte: "Ja natürlich!"

Im Hintergrund stöhnte Bernadette: "Der weiß ja nicht, auf was er sich da einläßt."

Und so wurde aus dem Heiratsschwindler mein Mann. Bernadette kriegte ihren Klavierlehrer namens Jörg zwar ab, aber das hielt nicht lange. Er war ihr einfach zu zwanghaft. Jörg war ein Mensch, der nicht schlafen konnte, wenn die Bärenmarkendose im Kühlschrank nicht mit dem Gesicht nach vorne stand. Bernadette ertrug das etwa drei Wochen und dann war es vorbei. Ich und mein abgrundguter Mann sind heute noch zusammen und mir passieren am laufenden Band immer noch solche Peinlichkeiten. Aber heute habe ich ja meinen Mann, der sie mit mir zusammen ausbadet.

Jojo auf dem Land

Unlängst passierte mir doch wieder so eine Geschichte, die ich euch einfach erzählen muß! Ich und mein Göttergatte, oh sorry, ich werde mich nie daran gewöhnen, denn er mag es nicht, wenn ich das sage ... also, ich und mein Mann fuhren letztes Wochenende nach Holland. Wir wollten unser Eheglück besiegeln und dort ein paar Ringe für uns erstehen. Warum gerade in Holland? Das ist zu schwierig zu erklären, aber das hat Tradition. Es spielt ja auch keine Rolle, denn als wir zurückfuhren, meinte mein abgrundguter Mann, daß er mich seinem Onkel noch gar nicht vorgestellt habe. Seit Wochen, solange wir uns nun kennen, wurde ich in seiner Verwandtschaft herumgereicht.

In Panik aufgelöst gab ich zu bedenken, daß ich doch mein Beautycase gar nicht dabei hätte und vom holländischen Wind völlig derangierte Haare hätte. Aber das Lamentieren nützte nichts, denn mein Mann fuhr gerade das Auto und so machten wir uns dann auf den Weg in die Wildnis von Wegberg. Ihr müßt wissen, daß Wegberg (ein paar Kilometer südwestlich von Mönchengladbach gelegen) *sehr* ländlich ist. Zumindest die zwanzig Seelen-Dörfchen rundherum erfreuen die schwule Seele, denn da kann man bei heruntergekurbeltem Fenster, den Arm wie Queen-Mama ausgestreckt, mit einem lauten ‚huuuuuuhuuuuuu, bei einer mittleren Geschwindigkeit von 30 km/h (mehr geht wegen der Kühe auf der Straße nicht) alle Einwohner persönlich begrüßen.

Mein Mann zischte immer wieder "Laß das!", aber ich bin nun mal ein freundlicher Mensch, und wenn ich die Eingeborenen von Wegberg begrüßen kann, warum soll ich das nicht tun? Wir kamen durch so wohlklingende Orte wie Flooodder, Krieeesssssch, Schniepmuuuhetens (den letzten habe ich nicht ganz verstanden, weil eine Kuh so laut in mein offenes Fenster gemuht hat). Einfach herrlich, so eine Landpartie! Und die niedlichen Häuschen, alles Fachwerk. Die Gärtchen vor den Häuschen waren einfach allerliebst.

Gut, daß die Federung von meinem STK (schwerer Tuckenkreuzer) so gut ist, denn mit einem Schlagloch-Suchgerät wären wir verloren gewesen und mir wäre bestimmt schlecht geworden. Auch die Außenluftabschaltung unseres STKs

93

(Schwerer Tuckenkreuzer) erwies sich als lebensrettend, denn als ich meinen Mann beschuldigte, wieder zu viele Bohnen gegessen und nun wieder diese fürchterlichen Blähungen zu haben, da drückte er den Knopf und der üble Geruch war nach zehn Sekunden verschwunden.

Als wir ankamen, war ich nicht überrascht, daß wir vor einem Bauernhof standen. Ja, die Landbevölkerung hält heute noch Kühe, Pferde und Schweine. Ich fragte dann völlig ohne Hintergedanken: "Schatzi, wo sind denn die ganzen Schwestern hier? Ich habe noch keine einzige gesehen. Auch hier müßte es doch Menschen geben."

"Weiß nicht, Mauseschwänzchen, ich habe hier auch noch keine gesehen."
"Was denn, sind die etwa alle damit beschäftigt die Kühe zu melken und Eier zu suchen?"
Ich kicherte, weil mir der Gedanke gefiel. Aber nicht so, wie ihr nun denkt! Ich sah mich schon mit Kopftuch und Kittelschürze auf Wiesen und Äckern mit einem geflochtenen Korb im Arm ‚Puttputtputtputt' rufend nach den Eier suchen. Hach, wie romantisch!

Wir traten ein. Eine dralle Frau (eine Richtige) begrüßte uns mit einem komischen Akzent.
"Morschen! Achseh, ausch maahl wiedder dooo?"
Klar, das Kaff lag ja fast in Holland, aber nicht mehr ganz in Deutschland; sozusagen Niemandsland, das niemanden interessierte - außer die Eingeborenen. Aber ich war ja willig zur Kommunikation. Ich kramte vergeblich nach einem Kisuaheli/Deutsch-Wörterbuch in meinem Handtäschchen. So etwas müßte man einfach dabei haben, aber als ich keines fand sagte ich zu mir, daß man als selbstbewußte und gebildete Tucke von Welt improvisieren kann: "Heeeeiiii! Morgääään! Alles klar im Hühnerstall? Ich Jojo und wie heißen du?!"

Sie verstand nicht. Mein Mann aber um so mehr. Er wechselte die Farbe. Ich verstand nun: Irgendwie drohte ich die Eingeborene zu beleidigen und bevor ich an den ortsüblichen Marterpfahl kommen würde, hielt ich lieber meinen Mund. Bei der Hitze würde das stundenlange Verharren am Pranger sicher meinem Teint schaden. Ich bereute jetzt schon, daß ich meinen Strass-Schmuck nicht dabei hatte, denn sonst hätte ich ein paar Steinchen zur Besänftigung der

Eingeborenen verschenken können.

Wir saßen bald in einem Wohnzimmer, das vom röhrenden Hirsch über dem Fernseher bis zum lamettaverzierten Barockkronleuchter alles enthielt, was das Herz begehrt. Also, ein bißchen weniger überladen, und es hätte glatt meinen Geschmack getroffen, denn Tucken-Barock ist ähnlich, nur nicht ganz so aufdringlich arrangiert. Mit einem leisen ‚Hach!' ließ ich mich in den riesigen Plüschsessel nieder und kuschelte mich tief hinein. Ein Mann (ein Richtiger) mit Haaren auf der Brust, im Feinrippunterhemd saß da und stierte in den Fernseher. Aber er wurde wohl neugierig und betrachtete meine ‚Pumps'. Aus Reflex sagte ich stolz: "Für 25 DM bei Deichmann erstanden."

Er war gar nicht beeindruckt und ich war enttäuscht. Das war schließlich mein Schnäppchen des Jahres gewesen. Aber wahrscheinlich hatte er noch nie Schuhe gesehen, denn er selber trug keine. Ich sah das mehr als genau, weil er seine haarigen Füße auf dem Tisch liegen hatte. Ein paar kleine Hetenkinder wuselten allerliebst mit irgendwelchem archaischem Spielzeug lautstark um meine Beine und beachteten mich nicht. Ich wagte nicht, sie zu berühren, denn ich wußte ja nicht, ob sie zahm waren. Mein Mann begann ein Gespräch.
"Onkel Walter, Tante Luise, darf ich euch vorstellen: Mein Mann, der Jojo!"

Er zeigte stolz auf mich und ich nahm reflexartig die Sektkelchstellung ein und lächelte ins Publikum, wie ich es von Starauftritten gewohnt war. Tiefes Schweigen. Ich nahm verlegen die Arme wieder herunter und knabberte statt dessen an meinen Fingernägeln. Dann entwickelte sich zwanzig Sekunden lang ein Gespräch, daß ich nur in verteilten Rollen wiedergeben kann, weil es so rasend schnell ging.

Also, Onkel Walter = W:, Tante Luise = L:, mein Mann = M:, die beiden Eingeborenenkinder im Chor = K:, meine Eleganz = J:

W: Was machst du denn beruflich? Moi? Ich bin...
L: Sagt mal, wie machen zwei Männer das denn so
     miteinander?
M: Ähm,...

96

K: Onkel? Wer bist du denn?
M: Das ist mein Mann.
W: Verdient man denn einigermaßen?
L: Nun sag doch mal, wie ihr das denn so macht.
K: Onkel?
J: Ja?
M: Man verdient eigentlich ganz gut. Und was macht ihr so für Stellungen? Unterschiedlich.
K: Onkel? Warum bist du Onkels Freund?
W: Mußt du lange arbeiten?
M: Weil ich ihn mag.
L: Und wie macht ihr es so?
J: Ich verstehe nichts mehr. Das geht mir zu schnell.
W: Von wann bis wann arbeitet man denn so?
J: Ich weiß nicht,... Stellungen? Hier sind doch Kinder.
K: Onkel? Magst du den Onkel?
W: Wie lange nun?
M: Ja, er liebt mich.
L: Macht ihr es auch in der Badewanne?
W: Habt ihr eine große Wohnung?
J: HIIIIIIIIIIIILLLLLLLLLFFFFFFFFFEEEEEEEE! Meine schwulen Nerven!

Nachdem mein Mann mich in das Auto geschleppt hatte und eine Verkehrsampel in Sicht war, da wußte ich, daß wir endlich wieder in der Zivilisation waren und meine Schreikrämpfe hörten auf. Zu Hause mußte ich mich erst mal hinsetzen, ein Eierlikörchen trinken und einen Doris Day-Film einlegen (den, wo die Gute von einer einsamen Insel gerettet wird). Nach drei Stunden hatte ich mich wieder beruhigt und war ansprechbar. Meine Krise war vorbei. Das nächste Mal werde ich mich ein wenig besser vorbereiten, wenn ich wieder eine Landpartie mit meinem Mann mache. Und ich werde auch mehr unter Heten gehen müssen, das habe ich nun gemerkt. Irgendwie sind die so seltsam anders.

Jojo am Baggersee

Mädels, bei dem Wetter schwitzt man sich echt den ganzen Tag die schwule Seele aus dem Leib. Das einzige Mittel dagegen ist wohl eine zünftige Abkühlung am Baggersee. Am Sonntag war es so weit. Ich und mein Mann fuhren mit unserem STK (Schwerer Tuckenkreuzer) in Richtung Baggersee.

Nachdem wir zwei Stunden gestritten hatten, welche Sachen wir mitnehmen, schleppte ich - völlig außer Atem - meine zehn Kilo schwere Strandtasche ins Auto. Ich hatte mich mal wieder durchgesetzt! Am Baggersee sollte es neuerdings eine schwule Ecke geben. Dort wollten wir hin: Männer gucken! Ich war schon ganz aufgeregt und so wollte mein Mann das Auto fahren. Er sagte, daß er es nicht verantworten könne, mich fahren zu lassen. Pöh! Auch wenn ich wieder nur Hunderte von nackten Männerkörpern im Kopf hatte, dann konnte ich doch trotzdem Auto fahren. Ich stand geschlagene zwei Minuten gedankenverloren vor der Beifahrertüre und wartete, daß mein Mann endlich die Türe aufmachte.

Da wurde ich ungeduldig und rief: "Könntest du nun BITTE die Türe aufmachen, ich bekomme sonst noch einen Sonnenbrand vom Herumstehen!"
Er antwortete lapidar aus einem anderen Auto: "Schatz, das Auto vor dem du stehst, ist das vom Nachbarn."
Huch, ich war doch ein wenig abwesend gewesen. Dabei war das Auto vom Nachbar ein Fiat Panda und dunkelblau. Na so etwas! Die Hitze, sage ich nur. Als ich dann meine Sachen verstaut hatte, tuckerten wir los. Die Zufahrtsstraße zum Baggersee war verstopft. Ich stand ohnehin schon kurz vor einer Krise und dann noch das. Überall Heten mit Kind und Kegel. Furchtbar!

Mein Mann schlug vor, daß wir auf den Parkplatz am Baggersee fahren sollten. Ich war entsetzt.
"Aber der kostet doch Geld. Da hätten wir doch direkt ins Freibad gehen können."
"Da liegen aber keine Schwestern herum."
Das war ein Argument, das ich akzeptierte. Ich bezahlte grummelnd die drei Mark für den Parkschein und schwebte wieder zum Auto zurück.

Natürlich hatten wir nur ganz hinten - kilometerweit entfernt - einen Parkplatz bekommen. Nun konnte ich meine Strandtasche auch noch so weit schleppen! Ich kam mir vor wie beim Bund mit vollem Sturmgepäck. "Sag' mal, was hast du denn da alles eingepackt? Wir bleiben doch nur einen Nachmittag und nicht drei Wochen." "Nur das Nötigste! Einen Tucke von Welt muß auf alles vorbereitet sein! Hinterher jammerst du wieder, daß dir etwas fehlt." Er schüttelte nur den Kopf. Ich sage dazu nur: MÄNNER! Er wird schon sehen, denn er hatte nur ein Strandtuch, ein Handtuch und seine Sonnenmilch mit.

Nachdem wir am Tuntenstrand - ich völlig schweißüberströmt - angekommen waren und ich meine Strandtasche besitzergreifend in den hellen Sand schmiß, sah ich mich etwas genauer um. Wir lagerten etwa zehn Meter vom Wasser entfernt und leider nur am Rand des Tuckenstrandes.

Etwa sechs Meter neben uns begann die von Heten besetzte Zone. Schrecklich, was für ein Bild sich darbot. Rechts von uns nur tuckentoastergebräunte und fitnessstudiogestählte Schwestern mit knappgeschnittenen, hautengen, hypermodernen und sicherlich teuren Badekleidchen, niedlichen Sonnenschirmchen, Badelaken mit Ralf König-Bildchen drauf und bergeweise Strandkoffern mit allen Utensilien, die man so braucht: Pre-Sun-Lotion, Sonnencreme, Sonnenmilch (dreizehn verschiedene Faktoren zur Auswahl), Sonnenöl in verschiedenen Duftnoten, After-Sun-Lotion, Parfüms, Fläschchen, Flakons, Schächtelchen, Döschen, Tuben und allerlei wichtiger Kleinkram, wie Kämme, batteriebetriebene Handventi-latoren, Bürsten, Wattebäusche, sechs verschiedene Sonnenbrillen, Spiegel, Fächer, Schminkutensilien, Kühltaschen mit Tuckenbrause und Eierlikör, Eiswürfelbehälter, niedlich geflochtene Picknikkörbe voller Köstlichkeiten etc. pp..

Auf der anderen Seite sah man häßliche Badetücher aus Omas Aussteuerschrank, Bierkästen, Bildzeitungen, literweise Oldi-Sun-Lotion mit dem Schutzfaktor 8 für 5,99 DM und jede Menge häßlicher, behaarter, schwabbeliger Heten in knielangen Bermudashorts vom Kaufhof für 9,98 DM das Paar aus dem Sommerschlußverkauf.

Nie war die Kluft größer gewesen! Die Kluft bestand nicht nur aus einem ungefähr sechs Meter breiten, freien Strandstück zwischen den Heten und den Badegästen, sondern auch noch aus ca. 3000 Jahren Entwicklungsgeschichte der Menschheit.

Mein Mann breitete die Strandtücher aus und ich war zuerst einmal eine halbe Stunde damit beschäftigt, meine Utensilien ordentlich um mein Strandtuch zu drapieren. Alles sollte seine Ordnung haben! Dann legte ich mich graziös auf meine vorher mit einem Handstaubsauger vom Sand befreite Bastbademätte. Die Sonne brannte, und ich griff sofort nach links oben und wählte meine Sonnencreme aus. Mein Mann kannte das Ritual. Solange ich nicht komplett eingeschmiert war, bekam er keine Ruhe vor mir. Brav griff er nach der Flasche, die ich ihm fordernd unter die Nase hielt.

"Kannst du das nicht selber? Ich finde es einfach lächerlich, wenn ich dir den Bauch einschmieren soll."

"Du bist aber mein Mann und von dem kann ich verlangen, daß er mir alles einschmiert, wenn seinem Angetrauten ein wirklich böser Sonnenbrand droht."

Mein Mann gehorchte und schmierte mich von oben bis unten ein. Mein Gekichere und meine teilweise spitzen, schrillen Seufzer (weil ich so kitzelig bin) erregten rechts auf dem Tuntenstrand keine besondere, wenn auch eine leicht neidische Reaktion, zumindest bei denen, die keinen Mann zum Einschmieren hatten. Aber auf der Hetenstrandseite, also links von uns, da wurden die ersten Stimmen laut:

"Schwuchteln!"

"Muß man sich das bieten lassen?"

"Ekelhaft!"

"Abartig!"

Alles war noch leise und geflüstert zu hören, aber als ich dann meinem Mann zum Dank für die Sonderbehandlung einen richtigen Zungenkuß gab und ihm zärtlich das Gesäß tätschelte, da hörte man einige entsetzte Heten-Mütter rufen: "Pfui! So etwas vor den Kindern! Markus, schau da nicht hin!"

Eine Woge des Entsetzens ging durch den Tuntenstrand.
Einer rief: "Dann legen sie sich doch mit ihren Gören woanders hin."

100

Oha, ein ganz Mutiger. Jetzt wurde es interessant. Wie beim Tennis schnellten unser Köpfe immer wieder hin und her, um die Bemerkungen, Flüche, Verwünschungen, Spitzfindigkeiten rechts und links von uns zu verfolgen.

Rechts:	"Frauen zu küssen, ist abartig!"
Links:	"Schämen sie sich, junger Mann!"
Rechts:	"Mit dem Badeanzug würde ich mich schämen."
Links:	"Sie schamloser Mensch sie! Sie haben ja fast gar nichts an."
Rechts:	"Ich habe ja auch nicht so viel zu verbergen."

Das war eindeutig ein Punkt für Tuntonia 69 gegen Borussia Hetendorf. Eine Pause trat ein. Es war ein unfaires Spiel, denn die Heten hatten eigentlich keine Chance. Wir von der Gilde hatten zwar die Bosheit nicht erfunden, aber wesentlich verfeinert. Eine neue Runde wurde eingeläutet, als ein junger, knackiger Mitzwanziger in Stoffsparhöschen an uns vorbeiging und sich zu uns auf den Tuntenstrand legte. Er tat das so toll, als hätte er dafür zu Hause zehn Stunden geübt. Entsprechend schnell reckten sich die imaginären Wertungstafeln mit fast immer einer 10,0 in die Luft. Einige pfiffen sogar. Andere hechelten eher still vor sich hin. Dann passierte es: Der Mittzwanziger entledigte sich auch noch seiner letzten, briefmarkengroßen Hülle und stolzierte völlig entblättert ins Wasser. Tuntonia 69 grölte und Borussia Hetendorf war entsetzt. Es folgte eine neue Runde mit härteren Bandagen; diesmal eher nonverbal. Mütter hielten ihren Töchtern die Augen zu. Heten-Männer stellten sich vor Ihre Frauen, um ihnen die Sicht zu versperren. Omas kreischten und hielten sich die Augen zu. Die Gay-Community johlte!

"Prüde Heten!"
"Verklemmte Dorfmenschen!"
"Noch nie einen nackten Mann gesehen, Oma?!"
"Klar doch, die hat noch keinen reinbekommen."

Ein ganz Spitzfindiger: "Ich heute auch noch nicht!"

Alles lachte, und einige Mädels blickten interessiert um sich, um den Rufer zu begutachten. Das war nicht fein und ich besann mich auf meine grenzsichernde Funktion und fühlte mich zum

Schiedsrichter berufen. Diese bösen Fouls mußte ich ahnden und zeigte meinen Mitschwestern die gelbe Karte, indem ich rief: "Contenance, Mädels! Pfui! Was für ein Hetenniveau!" Die Schwestern wurden rot und wieder ganz ruhig. Offensichtlich war der Rufer gefunden, und er nahm direkt zwei Schwestern mit in die Büsche. Ich grinste.

Die Lage entspannte sich. Aber es war schon zu spät! Aus Borussia Hetendorf brach ein Stürmer aus. Ein offensichtlich bierbesudelter Mann ergriff die Sandschaufel seines erst entsetzt blickenden und dann plärrenden Sohnes und drohte damit heftig herüber. Er wurde aus dem eigenen Lager durch ein Eigentor gebremst. Ein weibliches Paar (offensichtlich Lesben) stand auf und muckte. Der Mann war total verdutzt und rief nur noch: "Verdammte Lesben, legt euch doch rüber." Das taten beide dann auch und wurden mit wildem Gekreische und Applaus empfangen. Ja, so ist das richtig! Brüder Lesben und Schwestern Schwule vereinigt euch! Nicht nur beim CSD. Apropos CSD: Mich überfiel es und ich brüllte: "Ein dreifach' Kölle..." und ganz Tuntonia 69 reckte die Hände und kreischte: "Alloha!!!", und das genau dreimal. Irgend jemand hatte wohl sein regenbogenfarbenes Badetuch aus dem Sand gerissen und schwenkte es wild mit einem wirklich sexy Hüftschwung. Eine andere Schwester kreischte: "Ich bin schwul, NA UND?" Ein banaler Spruch. Eine böse Schwester reagierte darauf entsprechend: "Mir ist das auch egal, ob du schwul bist." "Mädels, laßt die Krallen eingefahren!" Hugh, der Schiedsrichter hatte gesprochen.

Jemand von ganz hinten unten drehte seinen Ghettoblaster laut und ‚Er gehört zu mir' tönte über den Strand. Ein paar Lederkerle (am ledernen Minislip und an den Brustwarzenketten zu erkennen) standen auf und tanzten paarweise dazu im Sand. Spontan bildete sich ein schwuler Männerchor und jeder versuchte den anderen darin zu übertrumpfen, daß er den kompletten Text von ‚Wenn ein Mann einen Mann liebt' lauter singen konnte. Es artete stonewallmäßig aus. Ein Teil der Mädels rissen sich die Röcke von den Hüften, und nun konnte man endlich sehen, wieviele Schwule eigentlich beschnitten waren. Der eine oder andere ‚Prinz Albert' war auch darunter. Erstaunlich!

Auf der Hetenseite setzte die sogenannte Normalbevölkerung panikartig zur Flucht an. Erste Bildzeitungen wurden zusammengeklappt und die leeren Bierflaschen eingesammelt. Es leerte sich zunehmend auf der linken Seite. Als dann noch vereinzelte (für Heten viel zu hübsch aussehende) Jungs auf die rechte Seite flüchteten und als neue Schwestern und ehemalige Scheinheten mit Kuß, Umarmung und einem Glas Sekt begrüßt wurden, da war es schon 20.00 Uhr. Die Fete nahm kein Ende. Ich hatte mich inzwischen schon sechsmal gewendet, um überall braun zu werden. Es kribbelte trotz Sonnenschutzfaktor 12 schon bedenklich auf der Haut.

Mein Mann half mir, meine Sachen zusammenzupacken und wir zogen heimlich, die wilde Fete hinter uns lassend, von dannen. Ich bekam trotzdem einen Sonnenbrand. So ein Mist! Am nächsten Tag lasen wir dann in der Zeitung: "100 Schwule halten Polizei in Schach!"

Typisch Mönchengladbacher Presse! Immer auf einen Skandal aus. Aber nie würden die berichten, daß die Heten angefangen haben. Nie! Hoffentlich hält sich das Wetter, denn dann gehen wir nächstes Wochenende auch wieder an den Tuntenstrand. Selbst mein Mann, der sich sonst immer schnell langweilt, fand es recht nett dort. Vielleicht sieht man sich ja mal. Bis dahin... gute Erholung vom Sonnenbrand!

Jojo im ‚Lulu'

Mädels, das Leben kann so schön sein. Man sollte nur die Männer abschaffen, denn die machen nur Ärger. Bevor ihr mich jetzt mit Wattebällchen bewerfen wollt, hört euch diese Geschichte an:

Ich und mein Mann beschlossen am letzten Wochenende mal so richtig schön schwofen zu gehen. Das bedeutet für meinen Mann etwas anderes als für mich. Ich verstehe darunter, daß man sich bei Kaffee und Kuchen trifft und den neuesten Klatsch austauscht, aber mein Mann wollte unbedingt in die Disco. Klar, daß in diesem Provinznest Mönchengladbach nichts los ist. So beschloß er für mich und sich, daß wir ins ‚Lulu' nach Köln (eine riesengroße Super-Tucken-Disco mit allen Schikanen) fahren. Hätte ich dem bloß nicht zugestimmt!

Das ‚Lulu' öffnet erst um 23.00 Uhr. Göttin sei Danke, denn wenn die Tucke von Welt um 20.00 Uhr anfängt, sich zurecht zu machen, dann kann sie frühestens um 23.00 Uhr fertig sein. Ich beeilte mich und war schon um 22.30 Uhr fertig. Ich war stolz auf meine Leistung, aber mein Mann bekam vor der Badezimmertür eine Krise nach der anderen. Als er schließlich nach fünfzehn Minuten aus dem Bad kam, da hätte ich mir beinahe eine Ohrfeige eingefangen, als ich keß bemerkte: "Warum hast du denn so einen Aufstand gemacht? Du hast doch sowieso nur eine Viertelstunde gebraucht?"

Na ja, und dann sah ich die Bescherung: Er hatte sich in ein buntes Hawaii-Hemd mit Krawatte geworfen und darauf auch noch eine goldene Krawattennadel gesteckt. Mir wurde schwarz vor Augen, denn in dem Outfit geht noch nicht einmal jemand in Mönchengladbach aus - geschweige denn in Köln!

"Iiihhhhh, so gehe ich aber nicht mit dir aus!"
"Denkste", antwortete der gehässigste aller Ehemänner, "solange du die gelben, schwulen Sumpftreter mit den weißen Socken, deine abgeschnittene rote Radlerhose und dein grünes Netz-T-Shirt nicht ausziehst, solange werde ich das hier auch nicht ausziehen."
Ich war entsetzt.

"Ich bin passend gekleidet, denn im ‚Lulu' laufen die Schwestern alle so herum. Später, wenn es warm ist, ziehe ich ja das Netz-T--Shirt aus. Aber du mit deiner Krawatte..."

Und so ging das weiter. Nach einer halben Stunde beschloß ich einfach, meinen Mann dem Schicksal und dem grausamen Tuckentratsch zu überlassen. Später würde ich es eben noch einmal probieren.

Wir setzten uns in unseren STK (schwerer Tuckenkreuzer) und düsten los. Mit einhundertneunzig über die Autobahn und immer straight forward zum ‚Lulu'. Auf dem Weg spielten wir das beliebte Spiel ‚Geschlechterraten'. Bei jedem Auto, das auch nur im entferntesten den Verkehr behinderte, tippten wir: Mann oder Frau am Steuer. Da ich die größere Erfahrung mit den Heten auf der Straße habe, hatte ich nachher 99 Punkte und mein Mann nur zwei. Wie ich das mache? Ganz einfach: Ich tippte *immer,* daß eine Frau am Steuer ist.

Nur bei Escorts, die mit in Tüchern verhüllten Möbelstücken auf dem Gepäckträger in Richtung Süden fahren und bei Autos mit gelben Nummernschildern muß man vorsichtig sein. Südländer lassen nie eine Frau ans Steuer und holländische Frauen können die Führerscheinprüfung nicht schaffen, weil schon die Männer immer fünf- bis sechsmal durchfallen. Ach, das wißt ihr gar nicht? Ich erkläre es euch: Alle Führerscheinneulinge, die in Holland fünfmal durch die Prüfung fallen, bekommen ein gelbes Nummernschild! Aber das nur am Rande. Besonders viele Punkte bekam ich an der acht Kilometer langen Baustelle auf der A 57 bei Dormagen. Autos und Frauen sind zwei Gegensätze biblischen Ausmaßes.

Wir bekamen einen Parkplatz direkt vor dem ‚Lulu'. Ich bekam schon eine Krise und kreischte. Noch nie hatte jemals eine Tucke einen Parkplatz vor dem ‚Lulu' bekommen. Und dann war auch noch mein Mann so angezogen. Lieber Gott, laß mich sterben! Alle würden uns aussteigen sehen.
"Das ist ein schlechtes Omen! Das ist ein *ganz* schlechtes Omen!"
Mein Mann gab mir einen Klaps und strahlte mich an: "Jojo, nun freu' dich doch. Ich finde das toll."

"Oja, na Klasse! Und gespannt war ich erst - auf die Reaktionen über die Krawatte. Ich kramte noch umständlich in meinem Handtäschchen und wollte so Zeit gewinnen.

"Geh doch schon mal vor. Ich komme nach."

Er stieg aus und rief in den Wagen hinein: "Nichts da, du kommst mit."

"Schatz, erspare mir den Spießrutenlauf! Bitte...!"

Ich überlegte fieberhaft, was ich ihm anbieten konnte, damit ich nicht den langsamen Tuckentratschtod sterben mußte.

"Ich gehe auch nachher mit dir in den Darkroom, wenn du wenigstens den Hetenstrick ausziehst!"

Seine Augen leuchteten hell auf und da wußte ich, daß ich so richtig getuckt worden war. Freudestrahlend band er sich die Krawatte ab und zog das Hemd aus. Darunter war ein hautenges weißes Muskelshirt. *Wow,* war das geil! Ich begriffsstutzige Trine! Er wollte doch nur mit mir da rein. Er hat mir nämlich letztens gesteckt, daß er noch nie im Darkroom war. Nun hatte er mich herumgekriegt. Ich wollte ja nie - jedenfalls nicht mit ihm zusammen.

Wir schwebten ins ‚Lulu' ein. Ich war beleidigt und bestellte erst mal eine Tuckenbrause für mich, kippte sie in einem Zug runter und bemerkte beiläufig: "Du fährst zurück, Liebling!"

Rache muß sein.

"Das mache ich gerne, wenn wir in den Darkroom gehen."

"Muß das denn sein?"

"Jahaah!"

Ach ja, wenn mein Mann so resolut ‚*Jahaah!'* sagt, dann kann ich nichts mehr machen. Auf der Tanzfläche tummelten sich schon so manche Herzattacken. Ich wußte gar nicht mehr, wo ich noch hinsehen sollte. Ich tanzte zuerst einmal richtig geil ab und schwenkte meinen Body mal hierhin und mal dahin und zog auch so den einen oder anderen Blick auf mich. Dann zog ich theatralisch mein Netz-T-Shirt aus und hängte es hinten in die Hose, denn vorne sollte ja jeder sehen, was los ist. Und man sah es! Ich schwebte völig durchgeschwitzt zur Bar zurück und suchte meinen Mann.

Ich traute meinen Augen kaum! Der stand da und flirtet mit so einer dunkelgebräunten, von oben bis unten gepiercten Kuh. Ich schmiß mich dazwischen und an meinen Mann ran. Ich schlang meine Arme um seinen Hals und winkelte dabei ein Bein an. Der Sumpftreterabsatz meines rechten Schuhs traf sein Ziel und entmannte die braune, beringte Kuh für Minuten. Ich heuchelte um Vergebung und machte innerlich eine weitere Kerbe in meinen Revolver.

"Ich hoffe, ich habe deinem ,Prinz Albert' nichts getan...." Bevor ich die Augen ausgekratzt bekam, drehte ich mich schnell wieder um.

"So Liebling, noch 'ne Brause und dann machen wir 'ne Sause", säuselte ich lieblich in seinen Gehörgang.

Mein Mann hatte inzwischen wegen der Hitze auch sein Shirt ausgezogen und so machte ich ihn ganz feucht. Offensichtlich nicht nur mit meinem Schweiß auf der Haut.

"Schatz, du hast mir was versprochen!"

"Okay, okay, okay!"

Warum können Männer nicht vergeßlicher sein? Ich kippte mir noch eine Brause rein, dann nahm ich ihn an die Hand und warf der leicht gekrümmt stehenden, gepiercten Kuh noch einen vernichtenden Blick zu. Wir schwebten in Richtung Darkroom an der Tanzfläche vorbei. Vor der Türe versuchte ich es noch einmal: "Willst du wirklich? Du hast doch keine Ahnung, was da abläuft."

Der gehässigste aller Männer, mein Mann, erwiderte: "Noch nicht... ich muß doch nur eines der Betten finden und dann kann es losgehen."

Dabei grinste er besonders dreckig.

"Na, dann komm", seufzte ich göttinnenergeben. *Betten?* Welche *Betten* meinte er? Ich faßte ihn wieder an die Hand und dann zog ich ihn hinein.

Was dann geschah, das ist mit Worten fast nicht zu beschreiben. Nie im Leben bin ich so gedemütigt worden. Wir waren kaum drin, da flüsterte mein Mann so laut, daß es alle umstehenden Grabscher hören konnten: "Hier ist es aber dunkel!"

Das Kichern und das leise Gegacker übertönte sogar das Gestöhne. Was für ein Glück, daß mich hier niemand kannte. Da packte mich auch schon einer dahin, wo ich es am liebsten hatte und ich stieß ein lautes ,Huch!' aus. Aus Reflex ließ ich meinen Mann los und verlor ihn aus den Ohren.

Eine Stimme fragte: "Jojo? Du?"

Ich kannte die Stimme irgendwoher. "Andreas? Du hier?!"

107

Es kannte mich also doch jemand. So ein Mist! Ich wurde sofort in eine Ecke gezogen und da merke ich, daß dieser Körper mir wirklich bekannt vorkam. Ich wehrte mich: "Andreas! Nicht! Mein Mann ist auch hier."
"Ach, war das der mit der Krawatte und diesem grauenhaften Hemd vor dem ‚Lulu'?"

Ach, du meine Güte! Tuckenklatsch ist schneller als der Schall! "Nein", log ich, "der hat nur eine Jeans an."
Da hörte ich eine laute Stimme rufen: "Jojo, wo bist du?" Ich wäre am liebsten unsichtbar geworden, aber das war ich ja schon. Dann noch mal: "Jojo, ich komme. Wo bist du? Hier ist es so dunkel. Wo ist denn hier die Garderobe?"

Allgemeines Gelächter. Ich dachte nur noch: Boooden tu' dich auf! Andreas, der sich inzwischen an mir zu schaffen machte, fiel vor Lachen um. Ich befreite mich aus seinen Armen und tastete mich zu meinem Mann. Ich ergriff flüsternd seine Hand: "Hier bin ich Schatz. Fürchte dich nicht!"

Mist, das war schon zu laut, denn der Darkroom brüllte vor Lachen. Ich packte seine Hand fester und zog energisch daran. Ich führte ihn links um die Kurve Richtung Ausgang und ignorierte sämtliche Grabscher, auch wenn es noch so schwer fiel. Draußen blendete mich das Licht. Ich sah mich um und bekam einen mordsmäßigen Schreck. Ich hatte so eine matronenhafte Lederschwester an der Hand - mit Harness und Handschellen. Sie lächelte mich dümmlich an und wollte auch gleich einen Kuß. Ich wand mich aus ihren Fängen und floh wieder Richtung Darkroomeingang. Die Lederschwester kreischte mit hoher Stimme: "Nun bleib' doch mal stehen. Ich tu' dir ja nichts."

Ich glaubte es ihr nicht und floh weiter. Im Darkroom angekommen, kämpfte ich mich durch die Leibermassen und flüsterte immer wieder: "Schatzi! Mauseschwänzchen!"

Aber mein Mauseschwänzchen war verschwunden. Nur der Darkroom erbebte vor hysterischem Gelächter. Hahahaha, wie komisch! Ich kriege eine Krise, weil mein Mann verschollen ist und wahrscheinlich nun von irgend jemandem vergewaltigt wird und der gesamte Darkroom findet das lustig. Ich hoffe, die haben alle genug

Jacutin im Haus, denn soviel Ungeziefer, wie ich denen in dem Moment an den Hals - bzw. woanders - hingewünscht habe, hätte locker für zehn Kompanien Fremdenlegionäre gereicht. Da flüsterte plötzlich jemand an meinem Ohr: "Hier bin ich..."

Sofort fühlte ich wieder eine Hand an intimer Stelle. Ich wollte schon nachgeben, weil ich dachte, es sei mein Mann, aber als ich die Umrisse abtastete stellte ich fest, daß mein Mann dann ja mindestens fünfzig Kilo zugenommen haben und dreißig Zentimeter eingelaufen sein müßte. Ich wand mich erneut aus den Tentakeln der Lederschwester, die mir unerbittlich gefolgt war und floh wieder Richtung Ausgang. Mein Mann blieb verschwunden!

In einer stillen Ecke der Bar betrank ich mich sinnlos und sang wüste Lieder im Techno-Rhythmus. Sollte mein Mann doch bleiben, wo der Pfeffer wächst. Hoffentlich war der im Darkroom auf dem ganzen Glibber ausgerutscht! Der hatte ja schließlich keine gelben, schwulen Sumpftreterschuhe angehabt. Die haben die Tucken nur an, weil diese Schuhe eine Sicherheitssohle haben, die darkroomgetestet ist. Sie sind nämlich völlig rutschsicher und deshalb mit dem GS-Kennzeichen versehen (GS = 'G'eprüft für 'S'chwule). Ein- oder zweimal zwinkerte mir die genauso übergewichtige, wie haarlose Lederschwester über alle Tische zu, aber ich tötete sie mit Blicken und trank noch jede Menge T-Brause. Zwischendurch traf ich auch noch meinen Darkroom-Andreas wieder. Auf die Frage, wo mein Mann wäre, antwortete ich in gepflegtem Tucken-Englisch schon halb angetrunken: "He drives unhomely in the darkroom."
Was soviel heißt wie: "Er treibt's unheimlich im Darkroom."
Andreas nickte verdächtig wissend und verschwand.

Nach der zweiten Flasche wußte ich nichts mehr. Irgendwann muß mein Mann mich in irgendwelchen Armen liegend - völlig aufgelöst vor Tränen und Selbstmitleid - gefunden haben. Der Arme mußte dann die Rechnung begleichen, was nur gerecht war, denn mein Sektkonsum war gewaltig an diesem Abend - und das wegen ihm! Am nächsten Morgen hatte ich einen Schädel wie ein Darkroom. Bei dem Gedanken fiel mir dann auch alles wieder ein. Ich sprach einen Tag lang nicht mit meinem Mann. Ins ‚Lulu' kann ich nun nicht mehr gehen, weil ich da völlig kompromittiert wurde. Nachdem er mich aber verarztet hatte - mit Kaffee, Aspirin und jeder Menge Streicheleinheiten - da war ich ihm auch nicht mehr ganz so böse. Ich liebe ihn halt! Ich sage euch: Geht nie mit eurem Mann zusammen in den Darkroom. Das geht schief! Männer sind halt ein wenig kompliziert. Ach, das Leben wäre so einfach ohne sie... und so langweilig.

Jojo und das Bürstenproblem

Mädels, ich liebe Besuch, vor allem Vertreterbesuch. Da kam doch letztens so ein netter Herr vorbei und... Ach ich erzähle lieber von vorne:

Montagmorgen und der ganze Haushalt wartet! Furchtbar, die Woche hat noch gar nicht angefangen und das Wochenende ist gerade erst vorbei. Das ist ein fürchterlicher Zustand, den man am Montagmorgen am besten mit einem Eierlikörchen beginnen sollte. Ich und mein Mann hatten eben noch gefrühstückt. Nun war er aus dem Haus, Kinder bekommen wir naturgemäß nicht, und das Telefon steht mal still, weil alle anständigen Tucken um diese Zeit ihren Poppersrausch ausschlafen oder so richtig hetenmäßig arbeiten gehen.

Ich schwebte in die Küche und wollte gerade zur Kühlschranktüre greifen, da klingelte es. Ich hielt inne und vergaß sogar den kleinen Finger abzustrecken vor Erstaunen. Ich sah an mir herunter. Besuch um diese Zeit? Mein Mann, der was vergessen hatte? Nein, der hatte einen Schlüssel. Also war das jemand Fremdes. Konnte ich so Besuch empfangen? Nein, denn meine Frisur war von der letzten Nacht verwüstet, das Make-up noch nicht aufgelegt und ich stand noch im Minislip da! Ich warf mir schnell meinen seidenen Kimono über und schritt darin würdig zur Pforte.
Ich hob den Hörer der Sprechanlage und fragte: "Wer da?"
Es krächzte und knackte. Schon wieder kaputt, das Ding! Ich drückte auf, weil ich doch ein Paket mit dem neuen kostenlosen Pflegeset von der Firma ‚Ovan' erwartete. Wahrscheinlich war das der Postbote. Ich öffnete die Flurtür einen Spalt und schielte am Rahmen vorbei ins Treppenhaus. Da kam ein mittelalter Mann mit Koffer die Treppe rauf. Ein Vertreter! Ich warf die Türe zu und lehnte mich mit dem Rücken an den Rahmen. Puh! Das war noch einmal gut gegangen. Es klingelte wieder. Diesmal stand er vor der Wohnungstüre.
Ich fragte durch die geschlossene Türe: "Wer da?"
"Guten Morgen, mein Name ist Verdünkel. Haben sie einen kleinen Augenblick Zeit? Ich wollte ihnen nämlich meine neue Bürstenkollektion vorstellen."
"Ich brauche keine Bürsten!"

"Jeder Mann braucht Bürsten. Ist ihre Frau nicht zu Hause?"
"Ich habe keine Frau. Gott sei Dank!"
"Ach, dann brauchen sie als Herr des Hauses sicher selber einen Rat zu ihren Bürstenproblemen."
"Ich habe kein Problem! Und vor allem nicht mit Bürsten. Und ich kaufe auch nichts an der Haustüre."
"Sollen sie ja auch nicht. Ich wollte ihnen nur ein paar Modelle zeigen. Das kostet sie nur zehn Minuten, und es ist ja umsonst."
"Nur zehn Minuten und es ist umsonst?"
"Ja umsonst, aber nicht vergebens, hahaha!"

Ich überlegte. Nun ja, es konnte nichts schaden, sich als Tucke von Welt ein wenig in Sachen Bürsten fortzubilden. Ich öffnete die Türe und schaute dem Vertreter ins Gesicht.
"Na, wenn es umsonst ist, dann kommen sie herein."
Ich fuhr mir mit den Fingern durch meine Frisur und lächelte verlegen: "Entschuldigen sie, Herr Verdunkel..."
"Verdünkel ist mein Name, von der Firma Verdünkel und Partner, seit 20 Jahren im Vertrieb von Bürsten *ihr* Partner, angenehm."
Er streckte mir die Hand hin. Ich nahm sie und schüttelte sie zaghaft. Kein Ring! Aha!
"Darf ich hereinkommen?"
"Kommen sie nur durch bis zum Wohnzimmer. Ich wollte mir gerade ein Eierlikörchen genehmigen, möchten sie auch eines?"
"Eierlikör? Hmmm, ja bitte."

Eine Hete, die Eierlikörchen trinkt? Ich schwebte erneut zum Kühlschrank und goß jedem ein Schälchen ein. Mit spitzen Fingern trug ich die Gläschen ins Wohnzimmer, wo sich der Vertreter mit seinen Bürsten und Kämmen ausbreitete.
"Ich war so frei, damit es schneller geht. Ich will ihre wertvolle Zeit nicht stehlen."
"Wirklich umsichtig von ihnen. Na, dann mal Prösterchen."
Ich nippte an dem Likörchen und er schluckte es hetenmäßig ganz herunter. Doch keine Schwester!
"Ich zeige ihnen mal unsere Standardmodelle. Hier zum Beispiel unser Modell WC-WISCH. Die ultimative Toilettenbürste. Formschön, hygienisch wegen des Wasserstoppgriffs und mit dekorativem Halter in Tierform."
Er zeigte mir eine einfache weiße Klobürste und hielt mir dazu ein Blatt mit verschiedenen Tierbildern unter die Nase.

"Das Eichhörnchen ist aber allerliebst. Das Gesicht erinnert mich so an meinen Busenfreund Bernhard. Allerliebst! Den will ich aber nicht immer auf der Toilette sehen, denn der schaut mich so lüstern an."

Seine Augen glänzten wegen meiner Begeisterung, obwohl ein Hauch Irritation darin zu lesen war.

"Oh, und das Schwein. Was für ein niedliches Ringelschwänzchen es hat. Das paßt aber gar nicht zu meinen Fliesen."

"Das gibt es in weiß, rot, grün, blau und rosa."

Ich stieß einen Schrei des Entzückens aus: "In Rosa?! Allerliebst! Was mein Mann wohl dazu sagen würde, wenn er ein rosa Schwein auf der Toilette findet."

"Ihr... ähm... wer?"

Ich war ganz weggetreten von dem Gedanken, während er mich irritiert ansah.

"Mein Mann!"

Ich strich mit dem Finger der Sau auf dem Bild über das Gesicht und machte: "Gutschi, gutschi, gutschi, niedliches Ferkelchen! Hast genauso ein Schwänzchen wie mein Mann."

Ich kicherte, weil ich das irre komisch fand. Ich würde meinen Mann dann immer damit aufziehen können. Der Vertreter war sehr ruhig geworden.

Dann sagt er: "Sie sind doch ein..."

"Was?"

"...Mann?"

Ich sah ihn fragend an. Was sollte das denn nun schon wieder?

"Wieso? Verkaufen sie die rosa Ringelschwanzschweinchen nur an Frauen?"

"Nein, nein! Wo denken sie hin, aber ich verstehe nicht... ihr Mann?"

Nun wurde es Zeit, daß ich mal meine männliche Seite zeigte. Mit tiefer Stimme sagte ich: "Klar, mein Mann. Ich bin schwul. Haben sie das noch nicht gemerkt? Mein Mann ist arbeiten und ich mime hier die Dame des Hauses."

Er schaute mich an wie eine Hete, dem die Fußballzeitung naß geworden ist.

"Haben sie damit ein Problem? Ist doch egal, auf welcher Toilette ihr Wischi-Waschi Bürstenschwein steht, oder? Was kostet es?"

"WC-WISCH mit den dekorativen Tierfigurenhaltern", sagte er automatisch. Dann hatte er sich gefangen. "Das rosa Schwein mit Bürste und einer Ersatzbürste kostet 49,95 DM. Wenn sie die praktische Fussel-WISCH Kleiderbürste dazu kaufen, dann sparen sie noch *5,20* DM." Er hielt mir eine Kleiderbürste hin. Ich nahm sie und schaute sie fragend an: "Na du kleines Ding, was kannst du denn?"

"Sie hat die statischen Fussel-Fang-Borsten aus reinen Synthetikfasern mit zehn Jahren Garantie. Und wenn sie den Griff... darf ich mal...", er nahm mir die Bürste ab, "...den Griff aufklappen, also so, dann haben sie innen drin das optimal ausgestattete Nähset Stichel-2000, das sie von der Firma Verdünkel und Partner ganz umsonst dazu bekommen."

"Was kostet das denn dann zusammen?"

"69,95 DM. Ich führe ihnen gerne die Kleiderbürste mal vor. Wenn sie eventuell ein Jackett oder eine Hose hätten?"

Ich war ganz hingerissen von dem niedlichen Nähset.

"Wie praktisch. Da kann ich meinem Mann die Hosen bürsten und gleichzeitig seine Socken stopfen. Moment, ich hole mal was zum bürsten."

Ich lief zu meinem Kleiderschrank und öffnete eine der acht Türen. Ich überlegte, was man bürsten konnte. Schottenrock, Seidenbluse, Netzhemdchen, Radlerhosen, alles so ein Zeug, was man nicht bürsten konnte. Dann nahm ich mein Paillettenhemd und kramte aus dem Schrank meines Mannes eine alte schwarze Hose heraus, die er zuletzt bei der Beerdigung seiner Großtante Gertrud getragen hatte. Herr Verdünkel stürzte sich auf die Hose und bürstete was das Zeug hielt. Und schließlich hielt er mir die Hose unter die Nase.

"Sehen sie! Kein Fussel mehr!"

"Es waren ja auch vorher keine dran."

"Und was ist mit ihrem Hemd?"

"Da sind auch keine Fussel dran. Sehen sie, in einem schwulen Haushalt ist selbst die älteste Hose fusselfrei. Ich bin eben eine sorgsame Hausfrau."

Er war nicht kleinzukriegen: "Und damit das auch so bleibt, nehmen sie die Teppichbürste Floor-WISCH mit dem handgeformten Griff für ermüdungsfreies Arbeiten - selbst auf größeren Teppichflächen - noch dazu und dann sparen sie schon 15,40 DM pro Set."

"Soviel kann ich sparen? Was kostet das denn dann zusammen?"

"79,95 DM"

"So viel?"

"Moment mal, sie bekommen ja auch unser Modell WC-WISCH. Die ultimative Toilettenbürste. Formschön, hygienisch wegen des Wasserstoppgriffs und mit dekorativem Halter in Tierform, in ihrem Fall mit rosa Schwein und einer Ersatzbürste. Dann noch die praktische Fussel-WISCH Kleiderbürste mit den patentierten statischen Fussel-Fang-Borsten aus reinen Synthetikfasern mit zehn Jahren Garantie, inklusive dem optimal ausgestatteten Nähset Stichel-2000 mit dreiundzwanzig Garnfarben und die Teppichbürste Floor-WISCH mit dem handgeformten Griff für ermüdungsfreies Arbeiten - selbst auf größeren Teppichflächen - und das alles zum sagenhaften Sparpreis von 79,95 DM inklusive Mehrwertsteuer und Vergnügungssteuer."

Ich konnte es kaum fassen, denn er holte kein einziges Mal Luft bei diesem Spruch!

"Vergnügungssteuer? Ich will mit der Bürste die Toilette saubermachen und nicht was anderes, sie Schelm!"

"Frau... ähm Herr..."

"Jojo"

"Herr Jojo, das war ein kleiner Witz, auch gratis von der Firma Verdünkel und Partner, seit 20 Jahren im Vertrieb von Bürsten ihr Partner."

Ich überlegte - wohl etwas zu lange!

"Und wenn sie sich schnell entschließen, dann bekommen sie noch einen echt vergoldeten Fingerhut zum Nähset obendrauf."

Das war der Auslöser. Ich wollte immer schon so einen tollen Fingerhut haben. So etwas macht sich gut in der Krimskramsvitrine im Schlafzimmer.

"Gut, packen sie es mir ein."

"Einpacken?"

"Ach ich Dummerchen, ich bin ja zu Hause."

Er ging die Waren aus dem Auto holen und ich kramte nach meiner Handtasche. Er überreichte mir die Ware und ich übergab ihm 80,- DM. Den Rest konnte er behalten. Irgendwie hatte ich das Gefühl, ein Schnäppchen gemacht zu haben! Mal sehen, was mein Mann dazu sagen würde, wenn er nach getaner Arbeit nach Hause kommt. Er würde bestimmt begeistert sein!

Jojo und der Schnarcher

Mädels, wenn ich eines hasse, dann sind es Männer, die schnarchen. Das wäre ja alles noch nicht so schlimm, wenn ich nicht gerade so einen Mann, den gehässigsten von allen - meinen Mann - geehelicht hätte. Ich lag friedlich im Bett und wollte gerade in die süßesten rosa Träume schweben, in denen ich dann scharenweise nette Männer verführen, literweise Eierlikör und Tuckenbrause trinken und nachts in der Kosmektikabteilung eines großen Kaufhauses stundenlang alleine Parfüms, Cremes und Puder ausprobieren würde. Da geschah es: Ich dachte erst, es hätte ein Gewitter gegeben und es hätte stark gedonnert, nein, es war mein Mann, der soeben neben mir liegend wieder einmal zuerst eingeschlafen war und sich nun daran machte, den gesamten Westerwald abzusägen.

Ich öffnete meine Augen und starrte die Decke an. Ich dachte, ich krieg' 'ne Krise. Meine schwulen Nerven waren sowieso schon den ganzen Tag gespannt gewesen. Ihr könnt euch nicht vorstellen, was mein Mann für ein Theater gemacht hat, als er das rosa Schwein in der Toilette sah. Als er dann noch den Preis erfuhr, da war der Ehekrach da. Und das den ganzen Nachmittag! Ich wollte schon auf dem Sofa schlafen, aber dann beschloß ich, mich nicht kleinkriegen zu lassen und tapfer mit ihm zusammen ins Bett zu gehen. Und ich bereute es gerade! Ich wagte es nicht ihn wegen seiner schlechten Laune wach zu machen, also griff ich nach den alten Hausmittelchen.

Mein Mann hat einen festen Schlaf. Ihn wach zu bekommen ist eine Kunst. Also konnte ich mutig sein und drauflos experimentieren. Ich stupste ihn sanft mit dem Finger in die Rippen. Er zuckte und räusperte sich. Dann drehte er sich herum und ich lag in seinen Armen.

Klar, er hatte einen starken Rechtsdrall im Bett. Ich lag rechts von ihm. Manchmal war das so unangenehm, daß er mich nachts bis zur Bettkante herausdrängte und ich irgendwann beschloß, einfach aufzustehen und dann links auf seiner Seite wieder einzusteigen. Das half wenigstens gegen das Gerolle. Aber gegen das Schnarchen war kein Kraut gewachsen.

Er besaß nun einmal die Dreistigkeit, immer zuerst einzuschlafen, auch wenn ich mir noch so große Mühe gab. Ich versuchte, mich leicht zu drehen, damit er mir wenigstens nicht auch noch ins Ohr schnarchte.

Nach einer halben Stunde gelang es mir, mich aus seinen Armen zu befreien und mich mit dem Rücken zu ihm zu drehen. So hatte ich wenigstens den Rücken warm. Aber er merkte wohl schnell, daß er mich nicht mehr ganz im Griff hatte, und da schlug auch schon sein angeborener Klammerreflex zu. Ich war wieder gefangen. Er schnarchte nun wenigstens nicht mehr, dafür blies er mir aber dauernd in mein Ohr. Ich drehte mich also wieder zu ihm, und so lagen wir Gesicht an Gesicht. Ich blies ihm nun ebenfalls ins Gesicht, woraufhin er sich wieder umdrehte. Nun lag ich in seinem Rücken. Gut! Ich dämmerte die nächsten zehn Sekunden vor mich hin und... Raaaaaattttzzzzz... war sein Schnarchen wieder da.

Nun trat Plan A in Kraft. Ich pfiff leise und lang. Das ist ein altes Mittel. Und es half, denn er hörte auf zu schnarchen, doch fing nach zwanzig Sekunden wieder an. So pfiff ich wieder. Das wechselte sich dann solange ab, bis ich die Lust an diesem dummen Spiel verlor. Schnarch... Pfiff... Pause... schnarch... Pfiff... usw. Es mußte sich für Außenstehende anhören wie ein Konzert moderner Musik von Stockhausen. Ich war verzweifelt! Es half nur noch Plan B. Plan B bedeutete, daß ich es schaffen mußte, ihm ein Kopfkissen auf das Gesicht zu drücken. Und zwar genau so, daß der Schall gedämpft war, er nicht wach wurde und ich nicht frühzeitig Witwer wurde. Ich kämpfe eine volle Stunde mit dem Kissen, meinem Mann und meiner Geduld.

Oft hatte ich das Bedürfnis, doch mal für ein Jahr schwarz tragen zu müssen. Ich schluchzte heftig und bekam unglaublichen Durst nach einem Eierlikörchen. Ich stand auf und ging runter ins Wohnzimmer. Das laute Schnarchen war zwar durch das Kopfkissen gedämpft, aber trotzdem bis ins Wohnzimmer zu hören. Meine Hände zitterten immer noch stark, als ich mir den zehnten Likör eingoß. Ich war schon etwas benebelt und beschloß, nun doch dem Feind aller Sandmännchen ins Auge zu blicken. Ich legte mich neben die Kreissäge und hoffte, ja ich stieß ein Gebet an alle Götter aus, die ich kannte. Nichts half! Ich schaute auf die Uhr. Es war schon halb vier - um sechs Uhr mußte ich aufstehen.

119

Als ich schon mein Kissen nehmen und das Schlachtfeld räumen wollte, da war plötzlich Ruhe.

Oh Schreck! Mein Mann atmete aber doch noch, nur sehr viel leiser. Ich traute mich nicht, mich zu bewegen. Auch würde ich es nicht wagen, mein Kissen von seinem Gesicht zu nehmen, in der Angst, das Gesäge würde wieder beginnen. Ich drehte mich zeitlupenschnell auf die Seite und beschloß, so zu tun, als würde ich Mikado spielen. Schnarchermikado sozusagen. Ich schloß die Augen und muß wohl ein paar Minuten lang geschlafen haben, da wurde ich heftigst geschüttelt. Erst dachte ich, daß ein Erdbeben losbrach und wollte mich schon auf die Flucht begeben, aber da bemerkte ich, daß es nur mein Mann war, der mich schüttelte.

"He, hörst du den Wecker nicht? Du mußt aufstehen!"

"Hmmm... hshfhggrr ggrgggg!"

"Los, nun komm schon, denn du pennst schon eine halbe Stunde länger als gewöhnlich. Du kommst zu spät!"

"Hmmmmfffpppppprrrgggg!"

"Das ist mir egal! Los, du Faultier, nun steh' auf. Sag mal, wie kommt das eigentlich, daß ich schon wieder dein Kissen auf dem Gesicht liegen hatte?"

"hmmamammmahhfhhf (Kicher) jkhfhfhhflihhsnmmmmmm!"

"Aha, so ist das also. Meinst du etwa, daß du nicht schnarchst? Und wie du schnarchst! Nur macht mir das nichts!"

"Was? Ich schnarche? Nie!!!"

So eine Unverschämtheit, zu behaupten, daß ich schnarche! Ich werde nun um 20.00 Uhr - noch vor der Tagesschau - ins Bett gehen, damit ich immer zuerst eingeschlafen bin. So!

Jojo bei den Anmachern

Was passieren kann, wenn man ein wenig zu frech ist, das kann ich euch erzählen. Meinen Mann hat es schwer getroffen,... aber ich fange lieber von vorne an.

Letztens waren ich und mein abgrundguter Göttergatte in einer Szenekneipe, deren Ruf weit über die Landeshauptstadt hinausgedrungen ist. Es ist eigentlich ganz gemütlich dort, wenn nicht die vielen kaputten Typen da herumhängen würden, die den ganzen lieben langen Abend nichts Besseres zu tun haben, als andere kaputte Typen anzustarren und Getränke durch die Gegend zu schicken. Kurz gesagt war das so eine Kneipe, in der alles abgeladen wird, was woanders nichts mehr abkriegt. Männer mit allerliebst hochtoupierten Fönfrisuren, Levisshirtträger mit künstlichem Haarausfall an den Augenbrauen, noch nicht umgebaute Transen, greisenhafte Lechzmumien, 501-tragende Strichertypen, denen man ansieht, daß sie Bakterien und sonstiges Ungeziefer bei jeder aufreizenden Tanzbewegung schleudern und natürlich aufgeblähte Lederschwestern, denen es schräg nebenan, in der etwas schmuddeligen Lederbar zu langweilig wurde und anstatt auf Leder nun am Tresen stehen und behaarte Männertitten und alberne Lederkappen präsentieren.

Noch kürzer gesagt zeigt sich hier jedes Wochenende die gesamte Palette des schwulen Elends. Fragt mich nicht wie wir in diesen Schuppen gekommen sind, ich weiß es nicht. Es war wohl eher ein unglücklicher Zufall, denn wir saßen mit meiner allerliebsten Freundin - Bernhard - im Auto und überlegten, wie wir den restlichen Abend totschlagen könnten.
"Laßt uns doch ins ‚Flaum' fahren."
"Jojo! In diese ekelhafte Kneipe, in der man auf der Toilette aufpassen muß, daß sich niemand unter den Strahl schmeißt?"
Bernhard war entsetzt.
"Jojo! In diese ekelhafte Kneipe, wo man eine Fliegenpatsche mithaben sollte, um sich der alten Grabscher zu erwehren?"
Mein Mann war entsetzt.
Ich wußte, daß die beiden es lieben würden und sagte bestimmend:
"Okay! Gebongt, dann fahren wir dahin."

Natürlich bekamen wir sofort einen Parkplatz und stolzierten an den schmucken Stundenhotels, den fettglänzenden Frittenbuden und den hübsch auf der Straße drapierten Bierleichen vorbei Richtung Eingang. Es war nicht so voll, wie man es sonst für einen Samstag erwarten konnte. Um so besser, denn dann hatte man Gelegenheit, sich jeden einzelnen Typen etwas genauer anzusehen. Es vergingen auch keine drei Lichtsekunden, da war ich auch schon tödlich in meiner schwulen Ehre verletzt. Alles starrte meinen Mann an. Zur Strafe setzte ich mich neben Bernadette und ließ meinen Mann an ihrer Seite verhungern. Strafe muß sein. Soll er doch selber mit den vielen lechzenden Blicken fertig werden, die mich und meine allerliebste Freundin neidisch-grün anlaufen ließen. Mein Mann merkte wie immer gar nichts. Er nippte an seinem Bier und erzählte gerade Bernadette die neusten Abenteuer seiner Hetenfreunde. Sie gähnte lang und ausgiebig, als ich nicht mehr anders konnte: "Du Schatz, siehst du eigentlich nicht, daß das halbe Lokal nach dir lechzt?"

Er schaute sich um und wie die Wiesel verschwanden all die Gaffer in ihren Löchern. Einige starrten wieder ihr Bier an und andere betrachteten ganz interessiert die Kaffeemühlensammlung hinter der Theke.
"Wer schaut denn da? Ich sehe nichts."
"Dann sei mal ein wenig aufmerksamer. Der da hinten...", ich zeigte auf einen Krauskopf mit typischem Autoverkäuferoutfit, "und die Trine da...", ich meinte ein magersüchtiges Etwas im weißen Glitzerhemd, "... und auch der da...", ich zeigte unauffällig auf einen avongebräunten, wimperngetuschten Schönling mit etwas zuviel Lippenstift.
Mein Mann verstand die Welt nicht mehr: "Die alle wollen was von mir?"
Bernhard bemerkte neidisch: "Klar, neben dir sind wir abgemeldet."
Mein bestes Stück grinste: "Na, dann will ich mal ein wenig Ausschau halten."
Ich kochte: "Wenn du willst!? Du löffelst die Suppe aber selber aus."
Er richtete sich auf und schaute durch den Raum. Ich war dem Nervenzusammenbruch nahe. Bernadette bekam den Mund nicht mehr zu.
"Und das erlaubst du deinem Mann?"
"Klar, er wird schon sehen, was er davon hat."

Meine allerliebste Freundin und ich setzten uns ein wenig weg von meinem besten Stück und tuschelten. Dabei beobachteten wir alles genau. Nun dachten wohl alle, daß ich was mit ihr hätte und mein Mann Freiwild sei. Soll er sehen, was er davon hat. Er lächelte in der Gegend herum und traf den Blick des Avongebräunten. Oh, das hatte gesessen! Irgendwie wurde das für ihn jedoch schnell langweilig, und er erzählte weiter seine aufregenden Heten-Geschichten.

Ich nagte innerlich an den Nägeln. Ich sah, daß Bewegung ins Lokal kam. Ich spürte geradezu die Welle der Gier, die uns entgegenschwappte. Auf der nach oben offenen Anmachskala war das eine 10,5. Da schwebte auch schon der Kellner mit einem Getränk ein und stellte es vor die Nase meines Mannes. Das war sozusagen das Vorbeben. Er wußte zuerst gar nicht, was er sagen sollte, aber dann brach es aus ihm hervor: "Ich habe doch gar nichts bestellt. Außerdem muß ich noch Auto fahren."
Zickig erwiderte der Kellner: "Das ist von dem Herrn da drüben", dann drehte er sich mit einem eleganten Hüftschwung um und schwirrte ab. Mein Mann schaute wie ein Auto.
Ich kicherte: "Hihihi, das haste nun davon. Dann schau mal, wie du da wieder raus kommst. *Ich* helfe dir nicht und Bernhard auch nicht."
Der Letztgenannte wollte schon widersprechen, doch ich stieß ihm in die Seite, daß ihm die Luft wegblieb und er nur noch nicken konnte.
"Aber ich habe doch nur geguckt. Ich will doch gar nichts von dem."
"Tja, zu spät, mein Lieber. Wer mit dem Feuer spielt..."

Mein Mann sah verzweifelt das Bier an. Da wippte eine ältliche, transenartige Tucke eng an meinem Mann vorbei und faßte ihm kurz ans Knie. Er zuckte zusammen und kreischte mir ins Ohr.
"Der hat mich angefaßt."
Ich zuckte mit den Schultern und grinste dreckig.
"Klar, habe ich gesehen. War es denn schön?"
"Igitt, ich will nicht angetatscht werden. Was mache ich denn nur?"
"Laß das Bier zurückgehen."
Bernhard, die Praktische, ergänzte: "Oder gib es mir."

"Nichts da, ich trinke es selber. Jojo du hast noch nichts getrunken. Du kannst ja auch zurückfahren."

"Na meinetwegen... du weißt, was du tust."

"Ich kann doch das schöne Bier nicht stehenlassen."

Er trank es an. Da rauschte der Kellner erneut an.

"Noch ein Bier und ein Zettel von dem Herrn da hinten."

Er zeigte auf das Glitzerhemd. Der sonst gehässigste aller Männer war kurz vor dem Verzweifeln und ich genoß es. Er steckte den Zettel ein und trank auch dieses Bier an.

"Ich hoffe, daß du schneller trinkst, denn bald ist kein Platz mehr auf dem Tisch."

Bernhard fand wohl langsam auch Spaß an der Situation. Ich sah in den Raum. Da tat sich noch mehr. Der Kellner flitzte von Gast zu Gast. Anscheinend kurbelte unsere Anwesenheit gewaltig den Umsatz an. Er kam dann direkt mit einem Tablett und drei Bieren an.

"Von dem, dem und dem."

Er zeigte fahrig in den Raum und verschwand. Ich suhlte mich in der Verzweiflung meines Mannes.

"Was soll ich denn nun machen?"

Flehende Blicke trafen mich.

"Na trinken, sonst wird das Bier schal. Ich weiß was *ich* machen werde. Ich gehe auf die Klappe und bringe mal mein *selbst bezahltes* Getränk weg."

Zu meiner allerliebsten Freundin gewandt: "Kommst du mit?"

Bevor Bernhard was sagen konnte, kreischte mein Mann: "Ihr könnt mich doch nicht alleine lassen."

"Warum nicht? Soll ich in die Hose machen?"

Er haßte mich dafür. Aber mein Mitleid siegte und außerdem mußte ich gar nicht wirklich auf Toilette. Ich tat so, als überlegte ich einen Augenblick.

"Na gut, dann werde ich für dich Höllenqualen erdulden."

So standen wir noch einen Augenblick stumm da und ich wippte theatralisch hin und her. Bernhard kicherte leise in sich hinein. Ich drohte ihr mit meinem spitzen Ellenbogen und dann war sie ruhig.

"Ich muß jetzt auch mal. Geht ihr denn mit?"

Ich schaute meinen Mann verwundert an.

"Nein, mein Liebster, wenn wir nicht dürfen, dann mußt du schon alleine gehen."

Ich weiß, daß ich gehässig bin. Er bibberte geradezu vor Angst, daß ihm jemand auf die Toilette nachkommen könnte. "Wenn ihr jemanden seht, der mir nachkommt, dann kommt ihr bitte auch und rettet mich, ja?"

"Wer soll dir denn nachkommen?"

Ich fragte so scheinheilig wie möglich.

"Natürlich kommen wir nach", leckte sich die Bernadette die Zunge, worauf sie einen erneuten Haken bekam.

"Aua! Ich bekomme blaue Flecken", kreischte sie mir vorwurfsvoll ins Ohr.

"Du hast Glück, daß ich meine Sumpftreter mit den Stahlkappen nicht anhabe", zischte ich entschlossen. Daraufhin war sie ruhig. In einem Moment höchster Ablenkung - ein Lederkerl hatte irgendwen gerade an eine Säule gefesselt und kitzelte ihn durch - verschwand mein ängstlichster aller Männer Richtung Klappe. Bis das Gros der Anmacher überhaupt gemerkt hatte, daß er weg war, war die Tür schon hinter ihm zugefallen.

Es wäre ja auch nichts passiert, wenn ich nicht - völlig versehentlich und etwas zu laut - gesagt hätte: "Du Bernhard, der bleibt aber lange auf der Klappe."

Bernhard sah mich mit entsetzten Augen an, als hätte ich gerade vor seinen Augen einer Schlange den Kopf abgebissen und war sprachlos. Ich setzte ein sorgenvolles Gesicht auf und griff nach einem der zahllosen Getränke an unserem Tisch. Aus den Augenwinkeln sah ich, wie sich langsam eine schwule Volksbewegung ziemlich unauffällig in Richtung Klappe aufmachte. Sechs Mal zählte ich die Klappentür auf- und zuklappen. Bernhard war - wegen meiner Boshaftigkeit - wie vom Donner gerührt. Ich blies auf meine Fingernägel, als wollte ich den schon längst trockenen Nagellack nachtrocknen und zählte innerlich langsam, ganz langsam bis dreißig.

Dann schwebte auch ich Richtung Toilette und öffnete leise und vorsichtig die Türe. Ich hätte beinahe laut aufgelacht. Mein mutigster aller Männer hatte versucht, sich in eine Kabine einzuschließen, aber das Schloß war kaputt. Mit einem Bein hielt er die Türe von innen zu und mit dem Rest seines Körpers versuchte er wohl, möglichst nah an das Becken heranzukommen, damit er endlich seine Notdurft verrichten konnte. Alle neun Tucken scharwenzelten um die Kabine herum. Einige kratzen an der Türe, andere gurrten Balzlaute. Ein ganz Pfiffiger hatte wohl völlig aus Versehen sein Taschentuch direkt vor der Kabine fallen lassen und hob es nun umständlichst auf, nicht ohne einen Blick unter der Tür durchzuwerfen. Wie zufällig berührte er das Fußgelenk meines Mannes. Er kreischte auf und hüpfte beim Pinkeln von einem auf das andere Bein.

"Jojooooo!"
Der Hilferuf war erbärmlich und nun tat er mir auch leid, denn schließlich liebe ich ihn! Ich beschloß, daß er für seine Frechheit genug bestraft worden ist, und daß ich dem Ganzen nun ein Ende setzen mußte. Ich baute mich hinter den schwulen Hyänen auf und brüllte so laut ich konnte: "Laßt meinen Mann ich Ruhe, sonst gehe ich euch in die Haare!"

Husch, husch, husch... waren alle verschwunden. Nur eine dümmlich dreinblickende, junge Lederschwester mit mindestens sechs Hals- und Gesäßtüchern hing mit einem ihrer zahlreichen Cockringe, die sie an den Schulterklappen ihrer Lederjacke befestigt hatte, am Wasserhahn des Waschbeckens fest. Wild zappelnd versuchte sie die Flucht vor mir zu ergreifen und stieß dabei spitze, hohe Schreie aus. Ich schritt langsam auf sie zu und befürchtete schon, daß die kleine Lederschlampe einem Schlaganfall erliegen würde. Dann zückte ich mein Maniküreset, nahm die Nagelschere und schnitt die Schulterklappe auf. Quiekend floh sie in den Schankraum. Nur die vier Cockringe, die nun schulterklappenlos waren, klirrten auf den gekachelten Boden.
"Du kannst rauskommen. Es sind alle weg."
Die Türe flog auf und mein Mann mir in die Arme.
"Jooojoooohhh!"
Er küßte mich in wilder Dankbarkeit.
"Ich will nie wieder in so einer Kneipe irgend jemanden ansehen! Nie wieder!"

Ich nahm ihn in den Arm und streichelte ihm über den Kopf: "Ist schon gut, Liebes. Du hast deine Lektion gelernt. So, und nun mach mal deine Hose trocken, denn du hast dich ja ganz vollgemacht. Und wie die Kabine aussieht!"
Da ging die Türe auf und ich griff reflexmäßig zur Nagelfeile, aber es war nur Bernadette die nach dem Rechten sehen wollte.
"Geht es euch gut?!"

Die feige Kuh hatte natürlich gewartet, bis alle entfleucht waren und mimte nun die Mutige. Wir verließen, nachdem wir gezahlt und dem Kellner ein saftiges Trinkgeld überreicht hatten, erhobenen Hauptes das Lokal. Meinen Mann nahmen wir zwischen uns. Bernhard, die Starke, bahnte uns den Weg nach draußen, was nicht schwierig war, denn man ließ respektvoll eine Gasse für unseren Abzug. Je näher wir der Türe kamen, um so leiser wurde es. Vom Schweigen der Belämmerten und dem hirnlosen Techno-Rhythmus begleitet schritten wir zur Türe. Als die Türe hinter uns zufiel, konnte ich nicht anders, denn innen ging ein tobendes Geschnatter los. Ich riß die Türe auf und rief laut in den Raum: "Buuuuh!!!".

Danach schloß ich sie wieder und stellte mir auf der gesamten Rückfahrt die leichenblassen Gesichter unter der Schminke vor. Meine allerliebste Freundin Bernadette und ich gackerten laut los. Nach zehn Minuten konnte selbst mein Mann lachen. "Nie, nie wieder werde ich in so einer Kneipe jemanden ansehen." Ich streichelte ihm über den Kopf und wir fuhren in die sternklare Nacht hinaus Richtung Heimat.

Jojo feiert Feten mit Heten

Prosit Neujahr sag' ich euch allen. Ich hoffe, daß ihr gut reingekommen seid ins neue Jahr. Ich bin es jedenfalls, denn ich feierte mit Heten und durfte mir diese seltsame Spezies Mensch einmal von Nahem ansehen. Aber ich erzähle lieber von vorne:

"Gesundheit!"
Ich schrak erneut zurück, als eine Salve von Nießern mich an die Wand zu drücken drohte.
"Hier Schatz, nimm ein Taschentuch... oder besser direkt das Badetuch. Mein Gott, hast du dich aber erkältet. So gehe ich nicht mir dir zum Tuckenball."
"Grummss hust hshhshhdjja?"
Mein Mann war offensichtlich mal wieder vom Eckenstehen so erkältet, daß nichts mit ihm anzufangen war. Er schneuzte sich in das rosa Badetuch und stöhnte laut auf
"Männer!" Ich war entsetzt. "Was mache ich nur mit dir?"
"Geh' ruhig alleine, aber ich weiß nicht...", näselte er.
"Ich gehe aber nicht alleine!"
"Stell dich nicht so zickig an. Du kannst ruhig alleine gehen. Laß mich mal im Bett liegen!"
Ich überlegte: "Nein, lieber nicht! Wenn ich auf diese Tuckenfeier gehe, dann sehe ich nur wieder diese blöden Föntunten herumgraben und anschließend frustriert abziehen, weil sie keinen Stecher abbekommen haben, um eine Rakete oder sonstwas steigen zu lassen. Nein, ich gehe nicht alleine! Jedenfalls nicht zu den Tucken. Schatz, du weißt doch, daß ich ohne dich nur 2/3 wert bin!"

Der krankeste aller Männer, mein Mann, überlegte und das konnte lange dauern. Derweil wanderten meine Gedanken hin und her und suchten einen Ausweg. Ich juchzte auf und hatte eine Idee.
"Du, Schatzi, ich gehe einfach mal wieder unter Heten. Weißt du, ich bin doch da eingeladen bei der... wie heißt die Frau noch? Ach, ist ja egal. Da gehe ich hin und muß den ganzen Abend keine Föntucken sehen."
Mein Mann überlegte immer noch. Nach etwa einer Zigarettenlänge kam er dahinter, was ich gesagt hatte.
"Na ja, bevor ich dir das ganze Silvester vermiese,... geh' ruhig."

128

Gesagt, getan. Ich packte meinen Mann in seine Heizdecke und rief mir ein Taxi. Zwar war der Taxifahrer eine Lesbe, aber das störte mich nicht. Der sollte mich nur fahren: "Lindenstraße 152, bitte!" Sie schaute mich etwas seltsam an und fuhr dann los. ‚Schlechte Reaktion, meine Liebe,' dachte ich, ‚die Antwort hätte geheißen: Macht die Kling eine Party? Hahahahaha!' Ich war ja so gut gelaunt!

Ich klingelte, und eine Frau machte mir auf. Ja, eine richtige Frau. Es waren schließlich alles Heten. Sie überlegte und sagte dann mit einem erkennenden Blick: "Jojo! Mit dir hätte ich am allerwenigsten gerechnet. Du siehst so... ungewöhnlich aus. Ich hätte dich fast nicht erkannt."
Ja, ich sah ungewöhnlich aus. Ausnahmsweise hatte ich die Pumps ausgelassen und die Netztrümpfe lagen im Schrank. Meinen Schmuck trug nun die Schatulle zu Hause und ansonsten sah ich aus, als hätte ich eine A&C-Filiale beraubt. Ich war also vollkommen hetenmäßig durchgestylt. So kannte mich natürlich niemand. Sie ließ mich trotzdem hinein und führte mich in eine urgemütliche Wohnung. Überall standen Heten herum, die mich keines Blickes würdigten, weil sie mich nicht kannten. Leise fragte mich die Gastgeberin, wo denn mein Mann sei. Ich wollte schon zurückflüstern, daß er eine Hetenallergie hätte, aber ich verkniff es mir und sagte die Wahrheit. Ich mußte mich daran gewöhnen, daß ich unter sogenannten normalen Menschen war.

Der Anfang des Abends verlief ruhig. Nur einmal verriet ich mich und zwar sehr peinlich. Ich saß gerade so einer langbeinigen, Seidenstrümpfe tragenden "Bardame" gegenüber (jedenfalls sah sie so aus) und fachsimpelte über das Leben und Beziehungen. Da sagte sie gedankenverloren mit einem lechzenden Blick in den Augen, daß sie auf richtige *Männer* stehen würde, und wenn sie ihren Mann für das Leben gefunden hätte, dann würde sie ihn nicht mehr loslassen. Dabei hielt sie meinen Arm verdächtig stramm fest. Ich war aber mit meiner Bowle beschäftigt und pflichtete nur beiläufig ihrer Aussage bei: "Ja, das würde ich ja auch tun..."
Ein panischer Blick verriet, daß ihr wohl gerade der Straps geplatzt sein mußte, aber sie fing sich und fragte scheinheilig gezwungen: "Was würdest du festhalten?"
Ich war immer noch mit meinem Bowlenglas beschäftigt und sagte gedankenverloren: "Meinen Mann..."

Ein Zucken verriet, daß nun wirklich was geplatzt war bei ihr, nämlich die Hoffnung, mich für den Abend abzuschleppen. Schade auch! Nun soll man nicht sagen, daß Heten so oder so wären. Das stimmt gar nicht! Sie sind viel schlimmer!!! Tucken tratschen? Ha, daß ich nicht lache: Innerhalb von 9,5 Sekunden war unter den Gästen herum, daß sich ein Gast eingeschlichen hat, der "andersherum sei", "so'n Homo eben", "ein Vertreter der anderen Fraktion"... oh Frau, wie mich das Gelaber ermüdete. Ich wollte schon gehen, als ich bemerkte, daß ich nicht nur das Gesprächsthema Nummer 1 war, sondern auch auf einmal von vielen Heten absolut interessiert gemustert wurde. Ihr kennt den Paradiesvogeleffekt? Ja, dann wißt ihr, wie ich mich wohl gefühlt auf einmal habe.

"Sag mal Jojo, das Tuch in deiner Tasche hat doch eine Bedeutung nicht?"

"Bist du aktiv oder passiv?"

"Wie schmeckt denn das so, wenn du deinem Mann..."

"Und dafür mußt du dir die Fingernägel kurz schneiden?"

"Was denn, magst du keine Frauen?"

Jetzt reichte es. Ich griff mir die nächstbeste Frau und fummelte an ihr rum. Das machte ich anscheinend nicht schlecht, denn die bekam glänzende Augen.

Ein Typ brüllte: "Die Nippel stehen sogar schon."

Ich schaute erstaunt an mir herunter, aber der meinte gar nicht mich. Ich war verwirrt, und wie im Rausch griff ich eine andere Frau und schlang meine Hand etwas zu hoch um ihren Brustkorb. Die gurrte in mein Ohr: "Da darfst *du* ruhig hinfassen, aber wenn das ein Mann machen würde..."

Ich sah alles um mich herum verschwimmen und floh auf die Toilette. Dort setzte ich mich auf den Klodeckel, richtete meine Haare und rang um Beherrschung. Nach dem schon ganze Völkerstämme an die Türe gehämmert haben (ich war doch nur eine halbe Stunde da drin) kam ich selbstsicher wieder heraus, aber auf einmal war keiner mehr da. Alles drängelte in die Küche, wo es Sekt gab. Es war zwei Minuten vor Mitternacht. Ich griff ein Glas Sekt und stand steif vor Erwartung in der Ecke. Was kam jetzt?

Ging! Gong! Gang! Die Uhr schlug Mitternacht! Ein ‚Prosit Neujahr!' schallte durch den Raum und Männlein und Weiblein fielen sich in die Arme. Ich stand alleine. Wäre doch mein Mann, der abgrundgute, da! Da erspähte mich ein Hetenmann und pirschte sich zuckersüß an mich heran, nahm mir das Sektglas aus der Hand und umarmte mich heftig. Ich schaute ihn verwundert an, und er drückte mir einen dicken Kuß auf den Mund. "Daß du das aber nicht falsch verstehst, ich bin nicht schwul, aber ich mag dich! Alles Gute zum neuen Jahr!"

Nun war ich in meinem Element und auch die anderen Hetenmänner lagen sich in den Armen. Ich staunte nicht schlecht. Was war denn nun? War ein Neujahrswunsch in Erfüllung gegangen? Da drängte sich auch schon ein anderer, richtiger Mann an meine Brust und meinte, daß er eben so zärtlich sei und ich nichts vermuten sollte. Zur Belohnung nahm ich mir eine Frau, irgendeine und drückte sie heftig und liebevoll. Dann gab ich ihr einen dicken Kuß und bemerkte, daß es die ,Bardame' war. Sie blinzelte mich an und grinste. Schnell fügte ich hinzu, daß sie nun nichts Falsches denken sollte, denn ich sei wohl schwul und außerdem sehr zärtlich. So ging das reihum, bis ich alle Heten durch hatte. Ich war glücklich! So etwas war mir noch nie passiert! So nette Hetenmänner und -frauen hatte ich noch nie getroffen. Ich hatte auch kein Problem mehr damit, der Gastgeberin Ratschläge bezüglich ihrer Garderobe zu geben und so um 1.00 Uhr zog sie sich tatsächlich auf mein Anraten hin ein schulterfreies Kleid an. Das hatte den Vorteil, daß ich ihre samtweichen Schultern besser streicheln konnte. Ich war wie im Himmel. Das war sie, die Gay-Community. Zwar waren es die Heten, die mir dies Gefühl der Zusammengehörigkeit gaben, aber das war egal. Heute Nacht waren wir alle einfach nur Menschen, die sich mochten und das zeigten. Gegen 4.00 Uhr, als ich einen Großteil der Bowle alleine getrunken hatte und mit einem Hetenmann links und einer Heten-frau rechts im Arm auf dem Sofa saß, da hatte ich eine Vision. Ich sah lauter aufgedonnerte Tucken, die sich frustriert ankeiften und sich nicht trauten, sich gegenseitig auch nur das Schwarze unter den Fingernägeln zu gönnen. Mir trat eine Träne in mein rechtes Auge und ich bedauerte sie alle sehr. Ein Vorsatz für das neue Jahr habe ich dann mit mir selber ausgemacht: Ich werde mich in Zukunft mehr um Heten kümmern, denn manchmal sind die weitaus menschlicher, als die aufgedonnertste Tucke.

Ich bin froh, daß ich in Zukunft auch wieder zu Heten-Feten ge-he. Ich habe schon eine weitere Einladung zu einer Geburtstags-feier. Und wer mir noch mal über Heten lästert, den veranlasse ich dazu, daß er sich einen Spiegel vorhält, nicht nur um seine Frisur zu richten, sondern auch und vor allem, um sich an seine eigene Nase zu fassen! Prösterchen, Prosit Neujahr, Mädels! Möge auch euch irgendwann die Erleuchtung ereilen! Vielleicht sieht man sich auf der nächsten Heten-Fete...

Jojos süße Rache

Mädels, auch ich habe eine Vergangenheit. Ich war nicht immer so solide und brav, wie ich das jetzt bin. Ich habe mich auch mal herumgetrieben und den einen oder anderen Mann ausprobiert. Klar, bei dem Angebot heute heißt es: Prüfe, wer sich länger bindet. So ist es dann auch schon vorgekommen, daß ich die eine oder andere Beziehung hatte, die dann in die Hose ging. Dazu gehörte auch der abgrundböse Jan. Jan war ein wirklicher Glücksfall, denn er hatte ausnahmsweise mal mehr Fehler als der gute alte Jojo. Irgendwie ist mir gerade diese Beziehung lange im Gedächtnis geblieben, vor allem, weil er es schaffte, mich bis auf den Grund meiner rosaroten Seele zu ärgern. Ihr erinnert euch an meine Geschichte ‚Jojo und der Ex'? Wir hatten uns dann endgültig getrennt und somit war die Bahn frei, um meinen allerliebsten aller Männer kennenzulernen. Die Geschichte habe ich euch ja auch schon erzählt. Von Jan habe ich dann lange nichts mehr gehört und das war auch gut so, denn meine Magengeschwüre konnten dann endlich mal abheilen. Doch vor einer Woche klingelte das Telefon, und wer war dran?

"Halloooo, Männerhaus Nord, Jojo am Apparat?"
"Hi, hier ist Jan. Erinnerst du dich noch an mich?"
Ich überwand meinen Ohnmachtsanfall und antwortete: "Ähm, na klar! Was führt dich denn an mein Ohr?"
"Ach, ich wollte noch mal so mit dir quatschen?"
"Brauchst du Geld oder willst du dich vielleicht doch noch entschuldigen?"
"Nein, ich wollte einfach mal so ein paar Neuigkeiten austauschen."
Also wollte er mir wieder die neuesten Dinge von Käpt'n Blaubär erzählen. Ich lächelte innerlich und sagte unschuldig: "Na ja, und was gibt's Neues?"
"Och, nicht viel. Und was gibt's bei dir Neues? Was macht die Liebe?"
"Ach die Liebe,... ist okay."
"Wie heißt er denn?"
Mich ritt der Teufel, denn in meinem Kopf arbeitete es. Nun war die Zeit gekommen, da ich mich mal so richtig für den ganzen Käse, den der Gute in meinem Leben angerichtet hatte, rächen konnte. Dieser kleinen Giftspritze wollte ich es zeigen. Ich wußte

auch schon wie, denn ich erinnerte mich plötzlich daran, daß er eine Phobie gegen Frauen hat.

"Er? Falsche Frage, mein Guter", sagte ich möglichst männlich.

"Wie?"

"Sag' mal, weißt du es wirklich nicht? Ich habe eine Freundin. Vielleicht heiraten wir bald."

Schweigen. Tiefes Schweigen. Noch tieferes Schweigen. Und dann ich, sehr scheinheilig: "Bist du noch dran?"

Ich kicherte stumm in mich hinein und tanzte mit dem Telefon durch die Wohnung - lautlos.

"Häh?"

"Ach, du hast es nicht gewußt? Bärbel heißt sie."

"Ja, Bärbel. Ist das so schlimm? Wenn du Lust hast, dann können wir uns ja mal zum Erzählen treffen. Ich bringe Bärbel dann mit."

Er fing sich schnell: "Echt? Du erzählst mir keinen Unsinn?"

"Nein, warum sollte der gute alte Jojo flunkern? Nach unserer mißglückten Beziehung habe ich eingesehen, daß ich mit Frauen glücklicher werde."

Ein schweres Einatmen war am anderen Ende zu hören.

"Da beschloß ich auf die Suche zu gehen. Sie ist ein ganz liebes Mädel. Wann treffen wir uns?"

"Morgen?"

Na klar, Tucken sind so neugierig.

"Okay, dann morgen im ‚Café Plüsch'. Halb sieben?"

"Ja, aber wenn... ja okay, ich bin da."

Ich hatte den Hörer kaum aufgelegt, da rasselte es auch schon bei mir im Gehirn. Ich griff wieder zum Hörer und wählte eine Nummer.

"Hi, hier ist Jojo, Bärbel? Bärbel, Liebes, ich brauche eine Frau!"

Am anderen Ende schrie es: "Was?"

Bärbel ist eine Hetenfreundin, die ich bei meinen Hetenfeten kennengelernt hatte. Sie war für so einen Streich zu haben. "Liebes, hast du morgen Zeit? Ich brauche eine Frau, die meine Freundin spielt."

Ich erklärte ihr die Situation, und sie willigte ein. Ich legte den Hörer auf.

"Was brauchst du? Eine Frau?"

Der neugierigster aller Ehemänner stand hinter mir, jagte mir einen höllischen Schrecken ein und hatte natürlich nur die Hälfte mitbekommen. Die Panik stand in seinen Augen. Ich schwebte zu ihm und küßte ihn erst mal heftig auf den Mund. So hält er wenigstens für Sekunden die Klappe. Dann brauchte ich zwei Stunden, um ihm die Sache zu erklären. Fast wären meine Magengeschwüre von damals wieder aufgebrochen. Als er sich alles angehört hatte, sagte er:

"He, da will ich aber mitmachen!"

"Willst du den eifersüchtigen Schwulen machen?"

"Klar, warum nicht? Außerdem muß ich aufpassen, daß diese Bärbel dir nicht an die Wäsche geht."

"Ach Darling, du glaubst doch nicht etwa..."

"Wer weiß?"

Er hatte schon wieder diesen Blick aufgesetzt. Was hatte ich da nur wieder eingefädelt?

Am nächsten Abend holte ich Bärbel ab. Natürlich mußte sie ihre Freundin mitnehmen. Rosi hieß die Gute und die brachte dann auch noch ihren Mann namens Klaus mit. Nun waren wir schon zu viert. Mein abgrundbester Mann wollte später hinzustoßen, so ganz zufällig. Ich hatte mich wieder in den Hetendress geschmissen: Sweatshirt, Jeans und Sonnenbrille, Haare ungestylt und kein Make-up. Das Handtäschchen blieb auch zu Hause. Wir saßen zu viert vor dem ‚Café Plüsch' in der Abendsonne und bestellten etwas zu trinken. Da sah ich an einem der Nebentische meinen Ex.

Jan schaute wie immer ein bißchen deplaziert aus der Wäsche. Er erkannte mich nicht. Tja, mit einer Frau an meiner Seite und einem Hetenpärchen geschmückt, da sehe ich halt ganz anders aus. Ich winkte kurz und männlich rüber und rückte näher zu Bärbel. Die ergriff sofort meine Hand und fing an zu schmusen. Jan kam herüber und begrüßte uns mit Handschlag. Ich hatte es schwer, nun richtig männlich zu tun. Seine Augen wurden immer größer, als er die beiden Frauen am Tisch sah.

"Hi Jan, darf ich vorstellen: Meine Freundin Bärbel, ihre Freundin Rosi und Klaus, Rosis Mann."

"Hallöchen, ich bin Jan", sagte er zögerlich und setzte sich sichtlich gehemmt zu uns. Bärbel gab mir einen Kuß auf die Wange. Ein "Ups" konnte ich gerade noch unterdrücken. Dann nahm sie meine Hand und hielt sie fest. Meinen Fluchtreflex konnte ich gerade noch unterdrücken. Ich überspielte ihn mit hetenmäßiger Lockerheit.

"Na, was gibt es denn bei dir Neues, mein lieber Jan."

Jan war immer noch jenseits von Gut und Böse, und ich gab ihm Zeit, sich zu akklimatisieren. So unterhielt ich mich mit Klaus über Fußballergebnisse. Ich hatte am Vorabend noch alle Ergebnisse der letzten Woche auswendig gelernt und fachsimpelte nun heftigst über Borussia Mönchengladbach.

"Klaus, die werden bestimmt nicht mehr Meister, auch wenn die nun Bayern und Köln geschlagen haben."

"Na ja, wir werden sehen. Wir können ja mal eine Wette abschließen."

"Okay Klaus, Hand drauf: Ich wette einen Kasten ,Diebels', daß Borussia nicht Meister wird."

Er schlug ein.

"So, nun werde ich erst mal für Königstiger gehen. Jan? Du bist so ruhig?!"

"Ach, ich genieße nur das Wetter", kam von ihm mit zittriger Stimme. Ich mußte weg hier, denn ich starb fast vor Lachen. Ich mußte auf die Klappe. Dort angekommen riß ich die Türe auf und kreischte los. Ein Kellner kam hereingestürzt und sah mich erstaunt an.

"Ach, ich dachte hier wird eine Frau vergewaltigt."

"Liebchen, man wird ja wohl noch mal kreischen dürfen."

Damit verließ der Kellner fluchtartig die Klappe. Mit strammen Schritten und ausgelacht kam ich wieder an den Tisch.

Bärbel himmelte mich an: "Na? Wieder da? Kriege ich einen Kuß?"

Ich küßte sie auf den Mund und da fiel Jan das Glas fast aus der Hand. Bärbel verabschiedete sich mit Rosi dann auch mal auf Toilette und Klaus suchte einen Zigarettenautomaten. Als ich mit Jan alleine war, da brach es aus ihm hervor: "Ist das dein Ernst? Wie ist das denn passiert? Wann hast du sie denn kennengelernt?"

Das Zittern in seiner Stimme war unverkennbar.

"Ja, es ist mein Ernst. Vielleicht heiraten wir diesen Herbst. Du kannst ja schon mal für ein Hochzeitsgeschenk sparen! Und kennengelernt habe ich sie auf einer Fete. Was bitteschön ist denn da so ungewöhnlich?"

"Ich dachte nur, weil du früher,... als Obertucke..."

"Vorsicht! Ich bin keine Tucke!"

"Na ja, ich dachte halt so. Willst du denn Kinder?"

Ich überlegte einen Augenblick, erschrak innerlich vor dem Gedanken, Windeln zu wechseln und wegen Babygeschrei mitten in der Nacht aufzustehen.

"Ja, natürlich wollen wir Kinder, aber noch nicht jetzt."
Jan lehnte sich zurück, betrachtete die vorbeiziehenden Wolken und murmelte: "Mein Ex bekommt Kinder... Ich fasse es nicht."
"Moment mal, *ich* bekomme sie ja nicht. Ich bin nur dran beteiligt."
"Alleine das ist eigentlich schon ein biologisches Wunder."
Bärbel kam sichtlich ausgelacht und entspannt mit Rosi von der Toilette. Sie hatten Klaus im Schlepptau.
"Na Schatz, wieder da? Daß ihr Frauen aber auch immer in Rudeln auf Toilette gehen müßt."
"Jojo, das ist halt so."
"Bärbel, der Jan hat mich gerade gefragt, wie das bei uns mit Kindern aussieht."
"Ähm, ja, habe ich dir schon gesagt, daß ich meine Periode nicht bekommen habe?"

Ich setzte mein Bierglas schwer auf den Tisch ab und schaute sie entsetzt an: "Du willst doch nicht etwa sagen... ich finde das nicht witzig!"
Rosi kicherte: "Keine Sorge Jojo. Das können auch ganz normale Schwankungen wegen der Pille sein.
"Na Gott sei Dank! Ein Kind fehlt uns gerade noch. Zuerst wollten wir doch mal..."
"...zusammenziehen?"
Jan schoß dazwischen, nun doch sichtlich fasziniert von den Geschehnissen. Die Frage blieb unbeantwortet, weil plötzlich mein allerpünktlichster aller Männer am Tisch auftauchte: "Hi Jojo, so ein Zufall, daß ich dich hier treffe."
Er schaute den Tisch rund und begrüßte alle mit einem tuckigen ‚Hallöchen'!".
Jans Augen blitzten. Ich tat sichtlich pikiert: "So ein Zufall! Na, wenn du schon da bist, dann setz' dich doch zu uns."

Ich stellte alle vor. Meinen Mann natürlich nicht, als das was er ist: nämlich mein Mann. Mein Augensternchen setzte sich neben Jan und setzte dann einen besonders heftigen, eifersüchtigen Blick auf, als er Bärbel fast auf meinem Schoß sitzen sah. Ich frage mich heute noch, ob der echt war! Bärbel bemerkte den Blick, schaute mich irritiert an und ich schaute Bärbel gequält an. Jan registrierte auch das und warf mir einen seltsam fragenden Blick zu.

"Ähm, sollten wir nicht langsam mal hineingehen, weil es doch ein wenig kühl wird?"
Ich wußte nicht, wie ich die Situation retten und weiterführen sollte. Alle packten ihre Sachen zusammen. Jan nahm mich beiseite, während die Anderen schon vorgingen.
"Was ist denn mit dem Typen? Der ist doch schwul, oder?"
"Ja, das ist er eindeutig."
"Und was hast *du* mit dem laufen?"
"Ich?! Ach nichts, der ist nur hinter mir her, wie der Teufel hinter der armen Seele."
Das war der erste wahre Satz an diesem Abend.
"Echt? Und was sagt Bärbel dazu?"
"Die hat das hoffentlich noch nicht geschnallt."
"Und wie stehst du dazu?"
Bingo! Ich hatte ihn gefangen in seiner schmutzigen Phantasie. "Ich weiß nicht..."
"Wie, du weißt nicht?"
"Er ist ja doch ziemlich nett."
"Jetzt sag' bloß nicht, daß DU mit diesem Typen... und Bärbel?"
"Soll ich ehrlich sein? Ich habe schon mit diesem Typen."
Schon wieder die reine Wahrheit und nichts als die Wahrheit, so wahr mein Handtäschchen mir in dem Moment fehlte, um mich daran festzuhalten.
"Nein!!"
Das Entsetzen über die Zustände machte sich sichtbar in Jans Gesicht breit.
"Das ist ja schlimmer als in ‚Sodom und Gomorrha'..."
Ich grinste mein altes Jojo-Grinsen: "Ja, finde ich auch. Furchtbar, nicht? Weißt du, alles fing damit an, daß ich dich kennenlernte. Seitdem ist mein Leben nicht mehr dasselbe."
Nach Luft schnappend watschelte er hinter mir her ins ‚Café Plüsch'. Auf zum 2. Akt.

"Wo bleibst du denn?"
Bärbel wirkte genervt und ungeduldig.
"Schatz, ich habe nur ein paar Worte mit meinem Ex gewechselt."
Jan setze sich wieder neben meinen Mann, der mich unwiderstehlich anhimmelte. Ich himmelte zurück. Rosi sah unsere Blikke und spuckte vor Lachen ihr Wasser fast über den Tisch. Klaus klopfte ihr auf den Rücken. Jan kapierte nicht, warum Rosi lachte, dachte sich aber auch nichts dabei. Minuten später hatte sie sich

beruhigt, denn wir konnten alle nicht so besonders ernst bleiben, weil die Blicke des schmachtendsten aller Männer, meines Mannes, einfach zu komisch waren. Bärbel bekam einen Anfall: "Jetzt reicht es aber! Was läuft denn hier für ein Spiel?" Gut gemacht! Sie gefiel mir immer mehr. Ich versuchte, sie zu beruhigen. "Schatzi, ich weiß es nicht." "Meinst du, ich sehe die Blicke dieses... Menschen da drüben nicht? Ich dachte, das Thema wäre nun ausdiskutiert zwischen uns. Nun fängst du schon wieder damit an! Ich geh' jetzt noch mal für kleine Mädchen."

Sie schritt beleidigt davon. Sie war kaum außer Sichtweite, schon fiel ich über den unschuldigst blickenden aller Männer, meinen Mann, her. "Sag mal, mußtest du hier aufkreuzen?" Jans Ohren wurden riesig. Mein Mann schaute irritiert, aber das war geschauspielert. Er dreht nun auch auf: "Und was ist mit Samstag? Ich kann das, was da passiert ist, nicht vergessen." "Bist du wahnsinnig? Nicht hier! Darüber reden wir mal alleine."

Da kam Bärbel auch schon wieder und trällerte bösartig, als sie sich setzte: "Habe ich dir denn auch schon gesagt, daß ich ab morgen auf einem Lehrgang bin? Vier Tage bin ich weg. Da hast du sturmfreie Bude." Bärbel schenkte meinem Mann dabei einen Blick, daß er normalerweise zu Asche hätte verbrennen müssen. Ich sagte: "Ach, auf einem Lehrgang? Weiß ich ja noch gar nichts von." Rosi kicherte wieder verdächtig. Klaus grinste wie ein Honigkuchenpferd. Nun mußte ich den Eifersüchtigen spielen: "Mit deinen Arbeitskollegen?" "Ja, natürlich!" "Ist dieser Gerd auch dabei?" Jan bekam wieder spitze Ohren. "Ja, der ist auch dabei." Sie schenkte mir einen triumphierenden Blick. Ich war ruhig und in mich gekehrt, aber in mir brodelte es. Ich mußte dringend wieder abkreischen. Jan kam mir zu Hilfe. Er schaute auf die Uhr: "Ich muß dann jetzt." Alle zusammen: "Was? Du willst uns schon verlassen?" Jan überrascht: "Ja, ich habe noch eine Verabredung."

139

Ich lächelte süßlich: "Wie heißt er denn? Na, wir telefonieren noch, gell?"

Jan packte schnell sein Zeug zusammen, schnappte sich seinen Bierdeckel, drückte jedem die Hand und sagte etwas gehetzt: "Ja, wir telefonieren."
Panik stand in seinen Augen. Er verließ fluchtartig den Tisch, bezahlte an der Theke und war verschwunden. Stille machte sich breit. Mit einem lauten Gekicher, Gelächter und meinem Gekreische verabschiedeten wir den armen, gestreßten Jan, der schon weit außer Sicht war. Das ganze Lokal schaute zu uns rüber.
"So, nun werden wir mal klare Verhältnisse schaffen."
Ich setzte mich zu meinem Mann rüber und gab ihm einen Kuß.
Der Kellner kam vorbei und war noch irritierter als vorhin. Erst sah er mich mit Bärbel schmusen, dann auf der Toilette abkreischen, und nun hatte ich einen Mann im Arm. Etwas arrogant grinste ich zu ihm herüber, während ich meinem Mann übers Haar streichelte.
"Tja, man muß halt flexibel sein im Leben."
Er warf mir einen vernichtenden Blick zu und bediente die Gäste am Nebentisch.
"Danke Mädels, das war die schönste Rache, die ich jemals geübt habe. Der abrundgute Jan denkt jetzt, daß er an diesem ‚Sodom und Gomorrha' schuld sei. Das tat so richtig gut. Ihr seid Klasse!"
Klaus grinste: "Ich fand das auch zu komisch. Das war jetzt die Generalprobe. Wann führen wir das Stück auf?"
Ich wurde nachdenklich: "Das wäre noch zu überlegen. Millowitsch - Theater ist ein Dreck im Vergleich zum normalen Leben."

Es wurde noch ein langer und schöner Abend. Endlich hatte ich meinen Mann wieder und konnte nun ein Eierlikörchen bestellen. Mir war schon den ganzen Abend danach. Mein Handtäschchen fehlte mir allerdings immer noch...

Jojo auf Rhodos

"Damit das klar ist und ich hinterher keine Vorwürfe zu hören bekommen: DU wolltest nach Rhodos fliegen!"
Ich tippte mit meinem spitzen Zeigefinger meinem abgrundguten Mann gegen die Brust. Der sagte nichts, sondern sah mich grünlich an und göbelte in seine Tüte. Erschrocken zog ich meine Hand zurück und schlug meinem bösen Finger mit der anderen Hand rechts und links eins um die Ohren.
"He, du böser Finger, du! Du sollst meinen Mann nicht zum reihern bringen!"
Wie auf Kommando übergab sich der Ärmste wieder in seine Tüte.
Ich mußte dabei heftigst kichern und schaute ihn abschätzend an.
"Aber Schatz, soviel kannst du doch gar nicht gegessen haben."
Ich kicherte erneut. Ein hübscher Steward, anscheinend Grieche, huschte heran, beugte sich über meinen Mann und flüsterte:
"Kann ich ihnen irgendwie helfen?"

Der alte Schwerenöter rang sich trotz seiner Luftkrankheit noch ein gequältes Lächeln ab und dankte der Tucke in Uniform. Schnell zog ich ein Papiertaschentuch heraus und putze damit meinem Schatz über die Lippen. Erst auf das Namensschild des Stewards schauend, grinste ich ihm dann ins Gesicht: "Danke, äh.... Costas, aber der hier ist schon versorgt... von mir!"
Er schwebte davon. Na, das kann ja heiter werden. Zuerst das Gedränge am Last-Minute-Schalter, dann das Gedränge am Flugschalter und nun noch eine liebeskranke Tucke in Uniform, die ES meinem Mann besorgen wollte... was auch immer.

Seit vier Wochen hing mir mein Mann in den Ohren: "...Rhodos, die Blumeninsel..."
Ich erwiderte: "Dann können wir auch nach Mainau fahren.
Er wieder: "...Rhodos mit dem milden Klima..."
Ich erwiderte: "Wir drehen einfach die Heizung höher..."
Er: "...Rhodos ist momentan sehr preisgünstig..."
Ich: "Die Nordsee ist billiger..."
Er: "Da gibt es bestimmt viele nette Männer."
Ich: "Okay, wir buchen!"

Schließlich hatte er mich also doch herumgekriegt und wir flogen Last-Minute nach Griechenland. Klar, man muß doch mal das Land sehen, wo man die Männerliebe erfunden hat, aber der ganze Streß vor dem Abflug machte mich erst recht urlaubsreif. Wir hätten uns von dem Geld lieber eine Putzfrau leisten sollen, schlug ich vor, da hätte ich wirklich einmal Urlaub machen können.

Aber wir mußten ja in die Ferne schweifen. Ich sage euch, Kinder, das ist zwanzig mal schlimmer als zum Baggersee zu fahren. Wir haben Stunden über Stunden diskutiert, was wir mitnehmen und was nicht. Ich glaube, mein Koffer war der meistdiskutierte im ganzen Flugzeug. Aber wenn wir schon Urlaub machen, dann richtig. Fast 150 Mark habe ich an Übergepäck bezahlt! Daß mein Mann Flugangst und einen Luftlochkoller nach dem anderen kriegen würde, konnte ja niemand ahnen. Ich schloß die Augen und hörte das leise Brummen der Motoren, das Plappern der Pauschaltouristen und nicht zu vergessen: das leise Stöhnen meines Mannes.

Palmen, Longdrinks, Tuckenstrände... Ach, wenn ich ehrlich zu mir selber war, dann würde ich es schon mögen können. Eine Stunde später setzten wir zur Landung an. Ich glaube, wenn ein Priester im Flugzeug gewesen wäre, dann wäre mein Mann vor lauter Verzweiflung wieder in die Kirche eingetreten. Aber Gott sei Dank fliegen Priester wohl eher nach Mykonos oder so. Wir hatten noch nicht mal eine Gitarre spielende Nonne im Abteil. Es rumpelte etwas und wir setzten auf.

Nach ein paar Minuten durften wir dann hinaus in die wilde Natur Griechenlands, die aus Rollbahnen und barackenhaften Flughafengebäuden bestand. Natürlich war ich völlig falsch angezogen. Wer denkt denn auch daran, daß die hier 26 Grad haben, während wir zu Hause mit lächerlichen zwölf Grad auskommen mußten. Schlimmer wurde es im Bus, der den Transfer zum Hotel gewährleisten sollte. Aber nicht wegen der Temperatur (der Bus hatte eine Klimaanlage), nein, der Busfahrer, ein bärbeißiger Grieche, ich glaube, er stellte sich als Costas vor, mit einem Kilo Haare auf dem Rücken (man sah das durch das elegante Feinrippunterhemd, erst dachte ich, er hätte einen Buckel), entpuppte sich als Duftbaumsammler. Der Bus war gespickt mit Duftbäumchen, die in den verschiedensten Gestankrichtungen ausdampften. Mehrere hundert Stinkebäume klebten, lagen, baumelten und stanken die ganze Fahrt vor sich hin. Natürlich war unser Hotel das letzte, welches der Bus, die rollende Gaskammer, anfuhr.

Vorbei an malerischen Müllkippen, Hütten und steilen Abhängen kamen wir dann doch an. Ich überlegte schon die ganze Zeit, ob in meiner Krankenhaustagegeldversicherung auch ein Leichentransport enthalten war. Etwas steif vom Sitzen, aber sonst ganz erleichtert watschelten wir (beide Beine eingeschlafen) in das prächtige Foyer des Hotels. Wenn die Zimmer das hielten, was das Foyer versprach, dann konnten wir zufrieden sein. Ich hätte schon mißtrauisch werden müssen, als mich der nette junge Grieche, laut Namensschild hieß er Costas, an der Rezeption in perfektem Deutsch und mit einem perfekten österreichischen Akzent ansprach und die Personal-ausweise verlangte. Aber ich achtete nicht darauf. Irgendwie hätte ich es noch geschafft, umzubuchen und in ein anderes Hotel zu flüchten, wenn ich mir auch nur drei Sekunden lang im Foyer die Menschen angesehen hätte. Aber ich und mein abgrundgrün-gesichtiger Mann waren ja so froh endlich da zu sein.

Auch hatte das Hotelpersonal eine raffinierte Taktik, damit wir nicht gleich flohen: Sie setzten einen süßen, kleinen griechischen Jungen, etwa siebzehn kurze Lenze alt, mit klassischer Nase und sanftweichbraunem Teint auf uns an, der meinen Koffer bis in das Zimmer zog. Mein Mann mußte selber tragen. Endlose Gänge entlang überlegte ich verzweifelt, was man dem Süßen als Trinkgeld geben konnte, denn wir hatten ja noch kein Geld getauscht. Da viel mir ein, daß ich in einem Land war, in dem man zwar das Schwulsein erfunden hat und Giros und Souflaki kennt, aber wohl noch nichts vom Segen der Wohlstandsgesellschaft gehört hatte. So drückte ich ihm das - zugegeben - etwas weiche, süße ‚Snickers' in die Hand, daß ich beim Abflug gegen den kleinen Hunger gekauft hatte und verabschiedete mich mit einem ebenso süßen Schalömmchen.
"Schalömmchen mein Kleiner. Wie heißt du denn?"
"Costas!"
"Alles klar Costas. Nimm das für den kleinen Hunger zwischendurch."
Ich dachte kurz nach. Der kleine Costas konnte ja nicht wissen, daß das was zu Essen war, deshalb fügte ich hinzu: "Das ist ein ‚Snickers'. Das kannst du essen. Du mußt aber erst das Papier abmachen."

143

Er schaute so reizend, daß ich ihn gerne auch noch die Koffer hätte auspacken lassen wollen, aber ich hatte nur noch ‚Fishermans Friend' da und die waren bestimmt zu stark für Griechen. Zuerst riß ich mir die Klamotten vom Leib und mein Mann tat es genauso. Dann duschten wir, und als ich meinen ehelichen Pflichten nachgekommen war, gingen wir hinunter zum Strand - barfuß, versteht sich. Wenn man den weißen, weichen Sand genießen will, dann kann man das nicht mit Sandalen!

Das Foyer war menschenleer. Klar, es war später Nachmittag und alle waren am Strand. Da wollten wir ja auch hin. Die heißen Betonplatten verbrannten uns fast die nackten Füße. Dann kamen wir an. Was für ein Bild, herrlich! Malerische Surfbrettverleihhütten, kleine Betontoilettenhäuschen, baufällige Trink- und Freßstände mit bunten Colabüchsen, ‚Snickers' -, ‚Mars' - und ‚Bounty'-Packungen und das Meer. Aber das sah man nicht so gut, wenn man nicht näher ran ging. Ich beschwerte mich bei meinem Mann.

"Wo ist das Meer, Liebling? Hatten wir das nicht mitgebucht?" Der war aber ganz hin und weg von den fettglänzenden Männerkörpern, die er erwartete. Da waren zwar fettglänzende Männerkörper, aber erstens war das Fett eher unter der Haut und hätte zweitens meist einen Abnäher vertragen können. Immer entsetzter schaute auch ich mich um. Wo man hinsah, nur alte, kopfhaarlose, stark behaarte, dickbäuchige Menschen. Aber das war nicht das Schlimmste, denn irgendwo mußte es schließlich auf dieser Insel Touristen unter 60 geben. Nein, das Schlimmste hörten wir erst, als wir näher vorbeischritten. Es waren Österreicher! Nichts gegen Österreicher, aber sie gehören verboten. Sie sollten Landarrest bekommen und keine Ausreisegenehmigung. Es war eine Frechheit von den Österreichern, im Spätherbst die Altersheime auszuräumen und gesammelt nach Rhodos zu transportieren. Wenn die Deutschen das machen würden, dann würde das internationale Verwicklungen heraufbeschwören, aber die Österreicher machten es einfach.

"Wenn ich nicht augenblicklich jemanden unter 60 Jahren zu Gesicht bekomme, dann reise ich ab!" Ich war wirklich sauer. Aber das blieb nicht lange so, denn wir kamen ans Meer. Nur leider war der ‚feine, weiße Sandstrand' eher ein harter, spitzkieseliger Steinstrand. Ich kreischte bei jedem Schritt, was mehr als genug Aufsehen erregte. Nun wußte wenigstens das ganze Hotel, daß wir da waren!

"Is' dat nix?"

Mein Mann schaute über das Meer und bekam glänzende Augen. Es war einfach schön... da konnte man nichts sagen.

Wir beschlossen, uns nun nicht an den Strand zu legen, sondern uns mal vor dem Hotel umzusehen. Wir gingen auf das Zimmer und nachdem ich meine ehelichen Pflichten erfüllt hatte und wir Schuhe angezogen hatten, gingen wir hinaus auf die Straße. Es war einen Menge los. Es wimmelte von Hüftleiden, Krücken und Krampfaderstrümpfen. Überall hörte man einen gewissen ,Wiener Schmäh' in der Luft flüstern... .bäh! Arm in Arm schlenderten wir die Straße hinunter und an den netten kleinen Geschäften vorbei. Das eine Geschäft bot Töpferwaren, T-Shirts und Schmuck an, ein anderes Geschäft Schmuck, T-Shirts und Töpferwaren. Es wurde reichlich geboten. Allerliebst fand ich die endlosen Reihen kleiner, weißer Ton-Adonisse für umgerechnet 15 DM das Stück. Aber ich konnte mich beherrschen. Ich hatte ja noch zwei Wochen Zeit, meinen Mann zu überzeugen. Allerorten versuchte man, uns in Lokale zu locken. Neckisch sind sie ja, die Griechen. Mit Rufen wie "Hamm Hamm, lecker Hamm Hamm.." und "Lecker Mampfi..." und "Putt putt putt..." bekamen sie uns nicht, denn wir sind ja keine Österreicher. Ich überlegte mir, daß es vielleicht besser sei, unsere deutschen Personalausweise in einer Klarsichthülle am Hals zu tragen.

Nach eingehender Besichtigungstour kehrten wir zurück zum Hotel. Abendessen war angesagt. Dazu mußte man sich umziehen. ,Badekleidung nicht gestattet' stand überall angeschlagen. War ja auch klar, denn wenn die Österreicher in ihren Badetextilien zum Essen gehen würden, dann würden die Griechen das Buffet ja niemals los. So kam ich meinen ehelichen Pflichten nach und dann warfen wir uns in Schale. Wir gingen hinunter, bekamen einen Tisch und dann begann die Völlerei. Tsatsiki, Oliven und watte wills. Herrlich, das Buffet!

Wir zogen los mit unseren Tellern. Damit ich mehr bekam, nahm ich den Suppenteller mit, denn auf den paßt mehr als auf das kleine Vorspeisentellerchen. Aber das alles war gar nicht so einfach, denn Hunderte gieriger, alter Österreicher drängten sich um das Buffet.

Wenn man nicht verhungern wollte, dann mußte man halt blaue Flecken in Kauf nehmen, und so setzten wir uns schon eine halbe Stunde später an unseren Tisch, mit hoch aufgetürmten Speisen auf unseren Tellern.

"Was hast du denn da ergattert?" fragte ich meinen Mann.

"Ich weiß es nicht."

"Hmmm, dann sei vorsichtig. Diese rosa Pampe da ist wohl eine Erdbeersauce oder so. Na ja, sie paßt ja auch zu dem Obstsalat, über den du sie geschüttet hast."

Ich hatte selber einen Teller voll Oliven und Tsatsiki erkämpft. Endlich hatte man mal die Gelegenheit, so richtig viel Knoblauch zu essen und tagelang danach zu riechen, ohne daß es einen störte. Doch weit gefehlt. Es war kein Knoblauch in dem Tsatsiki. Es ist wohl doch so, daß nur die deutschen Griechen Knoblauch verwenden. Hätte ich doch ein paar Knollen mitgenommen. Schade eigentlich! Übrigens, die rosa Sauce war eine Fischcreme. Guten Appetit!

Nach dem Essen wollten wir auf das Zimmer und uns wieder vernünftige Klamotten anziehen, da sahen wir die Hotelbar und tranken erst mal ein Bier und eine Tuckenbrause. Überall hingen Schilder auf denen das "Bingo des Abends" angepriesen wurde. Nein, das war ein Grund zu flüchten. Ab in die Stadt und ab in die Szene. Wir gingen hoch, und nachdem ich meinen ehelichen Pflichten nachgekommen war, schaute ich in den Spartakus.

"Hmmm, das ist aber nicht üppig...."

Mein Mann erwiderte: "Die brauchen ja auch keine Szene hier, denn schwul sind die Griechen sowieso alle."

Das war schlüssig und so machten wir uns auf die Suche nach der ‚Bar Berlin', deren Name ein großstädtisches Flair und angenehme Gäste aus Deutschland versprach. Der Taxifahrer wußte zuerst nicht, was wir wollten, aber als mein Mann dann anfing, mit einem perfekten österreichischen Akzent zu reden, da verstand er uns.

"A geh", erzählte uns der Taxifahrer mit Ö-Schmäh ‚"wännihra phantastisches Hendl esse wohllt, dann woas I was. Gäht zu Coschtas' der hat die beschten Hendl auf Rhoodos."

Costas? Den Namen mußte man sich merken!

Nach einer Fahrt von zwanzig Minuten kamen wir an. Die ‚Bar Berlin' hatte eine unauffällige Fassade und man mußte klingeln.

Wir traten ein. Eine typische Szenetucke mit Feinripp-Shirt öffnete, musterte uns und ließ uns dann ein. Ich fühlte mich ganz wie zu Hause! Das Lokal war ein Lokal und kein Café. Es waren wenig Gäste da und keine Österreicher. Der ältliche Gastwirt mit dem verschmitzten Lächeln begrüßte uns mit perfektem Deutsch, aber mit einem stark holländischen Akzent.
"Hi, ich bin Jojo und das ist mein Mann.", stellte ich uns vor.
"Bist du aus Holland?"
"Nein", sagte die Alte, "ich bin Grieche. Aber mein Mann ist Holländer. Ich heiße Costas."
Er grinste und servierte uns jeweils ein ,Amstel'. Ich überlegte, ob es überhaupt Griechen gab, die griechisch sprachen. Ich nahm das ,Amstel' an, obwohl ich davon immer Durchfall bekomme. Aber da es auf das Haus ging, trank ich es tapfer.

Der Abend verlief zähflüssig. Es kamen noch eine Menge Gäste. Meist Holländer, Engländer und ein paar Franzosen. Ein Schotte verwickelte meinen Mann in ein Gespräch, während ich mich mit der holl-griechischen Trine unterhielt. Ein paar andere Holländer randalierten und die Engländer betranken sich nach Strich und Faden mit holländischem Bier. Ein Quotengrieche führte einen türkischen Bauchtanz auf und die Schicki-Micki-Franzosen standen, einer schöner als der andere, in der Ecke und unterhielten sich geziert. Hier hatten wir sie also, die europäische Gay-Community. In meinem Magen rumorte es wild. Ich flehte meinen Mann an, daß wir gehen sollten. Das ,Amstel' tat seine Wirkung, und Kopfschmerzen bekam ich auch davon. Wir bezahlten und trollten uns. Ich atmete auf. Schweigend gingen wir an den Geschäften mit Schmuck, T-Shirts und Töpferwaren vorbei.
"Du, Jojo, ich weiß jetzt, wo der Tuckenstrand ist."
Ich war aufgeregt. "Ja? Mensch, klasse, da gehen wir morgen hin!"

Am nächsten Morgen weckte uns die näselnde Computerstimme aus dem Telefon: "Good morning! This is your eight thirty wake up call."
Und das wiederholte sich, bis man auflegte. War ich noch so verschlafen oder war es schon der Verfolgungswahn? Ich meinte, einen leichten österreichischen Akzent in der künstlichen Stimme zu hören. Ich weckte meinen Mann. Nachdem ich meinen ehelichen Pflichten nachgekommen war, standen wir auf und machten uns für das Frühstücksbuffet fertig. Das ging ohne wesentliche Verletzungen ab und so packten wir unsere Badesachen und

wanderten zum Strand. Überall lagen schon Handtücher auf den Liegen. Die Österreicher waren Frühaufsteher.

"Da hinten, wo der Felsen den Knick macht, da ist wohl der Tuckenstrand."

"Och, das ist ja nicht weit", meinte ich in meinem jugendlichen Leichtsinn. Und schon stapften wir los. Immer schön am Wasserrand entlang. Manchmal mußten wir über Surfbretter steigen, Luftmatratzen zur Seite schieben, aber sonst kamen wir gut voran. Unser Hotel entfernte sich zusehends, aber der Felsen kam nicht näher. Ich schwitzte schon wie ein Österreicher und keuchte: "Wenn ich nicht sofort was zu Trinken bekomme, dann saufe ich Atlantikwasser."

Mein Mann grinste schäbig: "Du, dann mußt du aber noch weit laufen, denn das hier ist das Mittelmeer."

"Das ist mir egaaal! Ich will jetzt auf der Stelle irgendwo was trinken!"

Wer schon mal kilometerweit Strand entlang gelaufen ist, der weiß, wie anstrengend das ist. Und so gingen wir an eine der alle zehn Meter aufgestellten Trinkbuden und löschten unseren Durst. So ging das ein ganze Weile. Ein paar Kilometer am Strand entlang und dann ein oder zwei Bier.

Mein Mann konnte es mal wieder nicht erwarten, die Tucken zu sehen und drängelte: "Wenn wir alle hundert Meter eine Rast machen, dann sind wir morgen früh noch nicht da und du bist sturzbetrunken. Nun reiß' dich mal zusammen! Es ist höchstens noch ein Kilometer. Los jetzt!"

‚Sklaventreiber', dachte ich und ging tapfer weiter. Es war auch nicht der Alkohol, der mir den watschelnden Gang zufügte, nein, es war bestimmt die Sonne.

Endlich, nachdem wir ein paar Felsen überklettert hatten, kamen wir an. Aber wir mußten nicht nur eine Kletterpartie machen, sondern auch noch eine harte psychologische Prüfung bestehen. Dem Tuckenstrand war noch ein Hetenstrand vorgelagert. Alles Österreicher! Gut, die gab es auch woanders, aber hier war es schlimmer. Sie waren alle nackt! Ich starrte strikt geradeaus. Ich wollte das nicht sehen. Ich spürte trotzdem die Blicke der österreichischen Frauen, die breitbeinig auf dem Sand saßen und sich die Möpse mit Sonnenmilch einrieben. Eine harte Prüfung, aber die Gier nach dem Tuckenstrand trieb uns voran! Es waren nur etwa

250 Meter, bis eine sichtbare Lücke kam. Kein Mensch lag in diesem Niemandsland, als mir eine schreckliche Idee kam.

"Duhuhhh, Schatz...", fragte ich ängstlich.

"Ja, Mauseschwänzchen?"

"Sag' dem armen, sonnenstichigen Jojo jetzt bitte nicht, daß der Tuckenstrand auch ein FKK-Strand ist."

Mein Mann blieb stehen und schaute mich verwundert an: "Natürlich ist er das. Jetzt erzähle mir nicht, daß du das nicht wußtest!"

Ich war den Tränen nahe. Ich war nun hunderte von Kilometern gewandert und hatte mich fast durch die Vorhölle des österreichischen FKK-Hetenstrandes gequält und nun erfuhr ich, daß wir uns einem FKK-Strand näherten.

Ich schluckte: "Du weißt ganz genau, daß ich FKK hasse."

"Blödsinn! Spannen tust du doch gerne. Willst nur deinen kleinen Willi da unten nicht zeigen. Mach' dir nichts draus, da sind alle nackt. Und viele kleine Willis gibt es da auch."

"Hast du nun zu Ende geredet?"

Ich brauste auf: "Ich bin nicht die endlosen Kilometer..."

"Drei Kilometer, um genau zu sein", fiel mein Mann mir ins Wort. Ich wiederholte den letzten Satz und betonte ihn nochmals.

"Ich bin *nicht* die endlosen Kilometer gelaufen, um dann umzukehren. Eins steht fest: Ich lasse meine Badehose an. SO!"

Ich drehte mich um und stapfte davon. Stolz und mit geschwellter Brust ging ich meinem Schicksal entgegen.

"Du gehst in die falsche Richtung. Da hinten geht es zum Tuckenstrand."

Als wir ankamen, da war nicht viel Betrieb - dachte ich. Ein paar Jungs lagen am Strand. Aber ein Stück landeinwärts waren Büsche, und dahinter ging eine relativ steile, felsige Wand etwa dreißig Meter hoch. Die Felsen waren mit Büschen bewachsen und mehrere Trampelpfade gingen bergauf. Als ich genauer hinschaute, da erspähte ich den ein oder anderen Kerl im Gebüsch und weiter hinten noch mehr Männer am Rande der Wand. Weiter oben wanderten auch einsame Gestalten bergauf und bergab. Es war ruhig. Kein Kinderlärm, kein Motorbootgeräusch, einfach nichts war zu hören, als ab und an ein spitzes Lachen und natürlich das Meer, das sich in den Felsen vor der Küste brach. Wir ließen uns zwischen Büschen nieder, die uns nur die Sicht auf das Meer zuließen. Ich plazierte meine Sachen unauffällig im steinigen Sand. Mein Mann pfefferte seine Sachen auf den Boden und riß sich die

Klamotten vom Leib. Ich zog mich auch aus - bis auf die Badehose. Dann legte ich mich erschöpft hin und schaute so in der Gegend herum.

"Du willst hier als einziger Mann wirklich die Badehose anlassen?"
"Ja!"
"Wenn du willst. *Du* machst dich lächerlich, nicht ich."
"Gehst du denn wenigstens mit ins Wasser?"
"Nö, ich bleibe hier liegen und rekle meine müden Knochen in der Sonne."
"Wie du willst. Bis nachher."
"Bis nachher."
Er stapfte schwanzwedelnd davon.

Ich wartete, bis er außer Sicht war und reckte mich hoch. Neben mir, hinter den Büschen tat sich etwas. Ein Pärchen, splitterfasernackt, lag dort in der Sonne. Links hinter dem Busch rieb sich gerade ein Mittdreißiger sein bestes Stück mit Sonnenmilch ein. Ich legte mich wieder hin und zog mir das T-Shirt über den Schädel. Ich wollte ja keinen Sonnenstich bekommen. Ich schaute hoch, als ich Schritte hörte.

Ein junger Bursche, nicht älter als zarte zwanzig Jahre, schritt an mir vorbei, sah mich und meine Badehose, rümpfte die Nase und schritt von dannen. Hinter mir, aus dem Gebüsch, erhob sich die Gestalt eines bodybuilding- gestählten Körpers aus dem Sand, klopfte denselben ab, warf einen tötenden Blick auf meine Badehose und setzte sich wieder hinter den Busch. Auf einmal hatte ich das Gefühl, daß alle Tucken anfingen, miteinander zu tuscheln. Überall wo ich hinsah bekam ich abwertende Blicke. Ich hielt es nicht mehr aus, sprang auf, riß mir die Badehose in Fetzen, wedelte mit den Fetzen über dem Kopf hin und her und brüllte aus Leibeskräften: "Da habt ihr meine Badehose, ihr blöden Tucken!"

Dann warf ich sie im hohen Bogen von mir.

Auf einmal war es noch ruhiger, als es vorher schon war. Mir schien, daß sogar das Meer und der Wind aufgehört hatten,

Geräusche zu machen. Ich stand nun splitterfasernackt mitten auf dem Tuckenstrand und wurde puterrot. Da brach ein Gelächter aus, daß keinen Vergleich findet. Ich dachte nur noch ‚Boden tu dich auf!' und legte mich wieder hin, zog mir mein T-Shirt über den Kopf und tat so, als wäre ich nicht da.

"Was machst du denn für Sachen?"

Ich schaute hoch, mein Mann war herangelaufen gekommen.

"Ich? Nichts!"

Nun sah er meine fehlende Badehose.

"Also stimmt es doch, was ich am anderen Ende des Strandes gehört habe."

"Was hast du denn gehört?"

Ich wurde wieder puterrot.

"Da erzählte mir gerade jemand, daß da irgend so ein komischer Deutscher einen Sonnenstich hat und nun auf dem Strand rum- flippt. Dabei hätte er sich die Badehose vom Leib gerissen und falle nun alle Männer an, die ihm in den Weg kommen. Da dachte ich sofort an dich und bin schnell zurückgelaufen."

"Das stimmt doch gar nicht! Tucken!"

Es ist schon erstaunlich, wie schnell das Tuckentelefon wirklich ist. Aber so schnell wie es ist, so ungenau ist es auch.

Abends saßen wir dann wieder an unserem Tisch im Speisesaal und mampften vom leckeren Vorspeisenbuffet. Ich schaute von meinem Tsatsiki hoch und ließ meine Blicke schweifen. Ein Troß blasser Menschen wanderte ängstlich durch die Tischreihen und suchte Platz. Eine alte österreichische Dame versuchte gerade, durch eine gut geputzte, aber geschlossene Glastüre zu laufen, ein Kellner verband einem Gast, der sich im Gefecht am Buffet verletzt hatte, die Hand. Es war also nichts, was man nicht jeden Abend zu Gesicht bekam. Der ‚Maitre de Speisesaal' schoß heran und verteilte die neuen Leutchen systematisch und psychologisch geschult auf die schon halb besetzten Tische. Übrig blieb ein feister, großer, gutmütig, aber dümmlich blickender Österreicher so in unserem Alter. Es gab also doch Österreicher unter sechzig auf Rhodos! Ich scherzte noch mit meinem verfressensten aller Männer darüber, daß wir ein wahnsinniges Glück hätten, daß der Maitre niemanden an unseren Tisch gesetzt habe, als auch schon der Besagte mit dem österreichischen Bauernburschen im Schlepptau zu uns an den Tisch trat.

"Hier können sie Platz nehmen", sagte der Grieche im perfekten Ösi-Slang. Es verschlug mir die Sprache! Mein Mann stand artig auf, gab dem Burschen die Hand und stellte uns vor. "Nun steh' auf und gib' dem Onkel die Hand!" fuhr er mich zischend an.

"Und mach den Mund zu!" fügte er hinzu.

Ich tat es. Dann griff ich meinen halbvollen Teller und zerrte meinen Mann an das Buffet: "Komm mit, wir müssen reden!"

Ungehalten folgte er mir: "Was ist denn?"

In sicherer Entfernung erklärte ich es ihm: "Wenn dieser Bergbauer nicht bald von unserem Tisch verschwindet, dann kriege ich eine Krise."

"Wieso denn?"

"Man kann sich ja gar nicht normal unterhalten, wenn der immer seine Ohren aufsperrt."

"Aber was willst du denn machen?"

"Ich werde ihn schockieren, bis er freiwillig geht."

"Wenn du meinst."

Das reichte, um mir einen Freibrief für schlechtes Benehmen zu sichern. Ich lud mir unter dem Widerstand der anderen Gäste nochmals den Teller voll und schritt erhobenen Hauptes zum Tisch zurück. Dort setzte ich mich und schaute auf meinen Teller. Mein Mann kam auch schon zurück und setzte sich ebenfalls.

Ich atmete tief ein und dann stöhnte ich: "Ich kann heute nicht so viel essen. Den ganzen Tag die Sonne. Das schadet doch meinem Teint."

Dann schaute ich unseren neuen Mitesser an und bemerkte: "Aber was bezahlt ist, das ist bezahlt!"

Dann stopfte ich tapfer den ganzen Inhalt des Tellers in mich hinein. Ich stöhnte und strich mir über die schweißnasse Stirn.

"Ich glaube, ich habe einen Sonnenstich. Schatz, morgen mußt du mich aber besser einschmieren. Ich darf nicht zu rot werden. Was soll denn die Bernadette sagen, wenn ich so rot bin? Außerdem habe ich gehört, daß zuviel Sonne die Haut altern läßt!"

Verzweifelt nahm ich meine Serviette und tupfte an meinem Gesicht herum.

"Kannst du dir vorstellen, mit einem Mann verheiratet zu sein, der faltige Haut hat?"

Ich erwartete keine Antwort von meinem Mann. Da kam der Kellner mit der Suppenschüssel angeschwebt und bot die Tagessuppe an. Mein Mann lehnte ab, ich nahm die Suppe. Dann probierte ich und meinte: "Köstlich! Fehlt nur Salz und Pfeffer. Ich liebe Suppe."

Übertrieben geziert nahm ich das Salz und den Pfeffer und würzte kräftig nach.

"So, nun ist aber Geschmack dran."

Ich löffelte sie tapfer. Meine Hose spannte schon. Dann kam der Kellner mit dem Hauptgericht. Ich aß es ebenso tapfer und erzählte von meiner Freundin Bernadette, wie sie seit Jahren versuchte, einen Freund zu finden. Aber, so schloß ich, wenn man so eine Kreische ist, dann sei das halt schwierig. Der Kellner kam mit dem Dessert. Ich entzückte mich über dessen verlängerten Rücken und über die wenigen Kerne in der Wassermelone.

"Köstlich! Das ist pure Völlerei, aber das ist alles bezahlt!"

Was ich nicht bemerkte, war, daß der Bergbauer schon längst mit seinem Essen fertig war und entweder aus lauter Neugierde oder aus Höflichkeit sitzen blieb. Schließlich verabschiedeten wir uns und zogen von dannen. Mein Mann schaute mich prüfend an: "Kannst du noch gehen?"

Ich stöhnte und öffnete den ersten Knopf der Hose: "Ach Schatz! Der ist aber hartnäckig."

"Ja", meinte mein Mann "der war so hartnäckig, daß er sich deine Show bis zum Schluß angesehen hat."

"Meinst du, ich habe einen Fehler begangen?"

"Ja, das meine ich. Der findet uns so interessant, daß er nun bestimmt nicht mehr weggeht. Hast du nicht gesehen? Der reist alleine und sucht Anschluß. Ich werde ihn mir morgen mal vorknöpfen und ein wenig ausfragen."

Am nächsten Abend gingen wir bewußt spät zum Essen. Der Bergbauer saß schon da und verputzte gerade sein Dessert, während wir mit der Vorspeise anfingen. Aber anstatt zu gehen, blieb er sitzen und verfolgte unser Essen. Gut, ich verstehe ja, daß er selten so ein gutes Programm geboten bekam, aber daß er uns auch noch dabei auf den Keks gehen mußte... Mein Mann fragte ihn nach Strich und Faden aus, und ich spachtelte in mich hinein was hineinpaßte - und mehr. Zwischendurch beschwerte ich mich abwechselnd über die langweiligen österreichischen Mitgäste und dann über die Griechen, die kein griechisch sprachen. Unseren Bergbauern rührte das nicht. Er hieß übrigens Hubert. Hubert sei kein Bergbauer, sondern Bäcker und backe Brot. Ach, wie originell! Ob wir Schauspieler seien. Oh, da fühlte ich mich geschmeichelt. Ich betonte, daß ich aber nur ernstzunehmende Rollen spiele. Er hätte nach soundsoviel Jahren das erste Mal Urlaub gemacht. Nein, er sei solo. Mein Mann kitzelte alles aus ihm heraus. Es war wenig Interessantes dabei. Als wir alleine waren, da sagte ich, nach Luft schnappend, weil ich dringend den zweiten Knopf der Hose aufmachen mußte: "Was für ein Pech, daß wir keine Proleten sind und von Jeans auf Ballonseidetrainingsanzüge umsteigen können. Ich nehme hier rasant zu."

"Ja, das sieht man", meinte der gehässigster aller Ehemänner.

"Der Typ ist hartnäckig hoch drei. Da hilft nur noch ein Wunder."

Das Wunder wurde uns am nächsten Abend beschert. Wir bekamen Zuwachs. Ein netter, lebhafter Kerl aus Berlin fand den Weg zu uns. Dirk hieß er, und ich hätte meinen Schminkkoffer verwetten können, daß er eine Tucke ist. Und siehe da, im Laufe des Abends gab es dann eine Völkerverständigung. Österreich an Berlin, hallo, hallo, bitte melden. Berlin stellte den Bagger an und Österreich backte nicht gerade kleine Brötchen! Am nächsten Tag trafen wir beide Hand in Hand am Strand. Am Tuckenstrand, versteht sich. Damit war das Thema gegessen, der Bergbauer mit dem Berliner verkuppelt, die sich dann einen eigenen Tisch wünschten, wir hatten unsere Ruhe, und ich war vier Kilo schwerer.

So vergingen die Tage in folgendem Rhythmus: Aufstehen um 8.30 Uhr, eheliche Pflichten erfüllen, Frühstücksschlacht mit Völlerei, kurzer Bummel und Einkauf, eheliche Pflichten erfüllen, dann an den Österreicherstrand, anschließend Marsch zum Tuckenstrand, Taxi zurück zum Hotel, eheliche Pflichten erfüllen, Ankleiden zum Abendessen, Schlacht am Buffet und Abendessenvöllerei.

Wer uns nun für phantasielos hält, der mache das Programm mal drei Tage hintereinander. Der weiß dann, was das für ein Streß ist. Abends konnten wir auswählen zwischen einem schmalzig, fettigem Möchtegern-Schlagerstar, ich glaube Costas Carenas hieß er oder einem grauenhaften Klimperer mit seiner elektronischen

Orgel, mit Namen Costas Karamanolis, der sogar noch schlimmer war, als irgendein Laienklimperopa aus Deutschland, der abends zum Tanz in Altenheimen aufspielt. Dann gab es da noch das besagte Bingo, einen griechischen Abend und so einen Revueabend, bei dem sich die Animateure professionell lächerlich machen mußten. Alles in allem war das nicht das, was ich mir unter Erlebnisurlaub vorgestellt hatte. So tranken wir, - ich, mein Mann, Hubert und Dirk - uns abends oft einen leckeren Ouzo in einer netten Kneipe unweit vom Hotel. Zwar gab es da vor allem Engländer, die wie die Schmeißfliegen mit Kind und Kegel einfielen und ihren in der Stadt gekauften Kitsch vorzeigten, aber sonst war es ganz nett dort. Übrigens sind die Engländer in Fragen der Pädagogik sehr viel weiter als die Deutschen. Die Engländer bekommen anscheinend nur häßliche, kleine, dicke Gören, die lärmen und toben, daß einem Angst und Bange werden kann. Aber wer mit diesem Terror leben muß, der muß auch erfindungsreich in der Pädagogik sein, wenn er nicht wahnsinnig werden will. Ich traute meinen Augen kaum, als ich sah, wie die besagten Europäer in die Kneipe einfielen und sofort jeweils ein doppelter Whiskey für die Kinder bestellt wurde. Ja, und nach zehn Minuten waren die ganz ruhig und lieb. Hut ab vor soviel Erfindungsreichtum! Da können sich die Deutschen noch zwei Scheiben abschneiden!

Die Tage plätscherten so dahin, aber meine unglaubliche Schmach am Tuckenstrand vergaß ich nicht. Ich war in meiner Ehre tief getroffen. Eines abends, nach dem sechsten Ouzo, die kleinen, dicken, Gören der Engländer schliefen schon friedlich in den Stühlen, da brach es aus mir heraus:
"Morgen werde ich den Abhang erklimmen."
Mein Mann war verdutzt: "Was für einen Abhang?"
"Den am Tuckenstrand."
"Und dann?"
"Dann werde ich den blöden Tucken zeigen, wer Jojo ist. Die werden nicht mehr über mich lachen! Ich werde es ihnen so besorgen, daß sie mich gar nicht mehr weglassen werden."
Mein Mann grinste: "Ach so! Du glaubst, daß du auch nur *einen* abkriegst?"
"Einen? Hunderte! Jeden, den ich will..."
Ich trank mein Glas leer und stand auf, schaute meinen Mann energisch an und sagte bestimmend: "Laß uns gehen, Schatz! Ich muß früh schlafen. Morgen wird ein anstrengender Tag!"

Am nächsten Morgen, es war der Tag vor der Abreise, erinnerte ich mich daran, womit ich unter Ouzo-Einfluß geprahlt hatte. Ouzo ist ein Teufelszeug! Normalerweise ist das ein Kampfstoff, der von der Genfer Konvention für Menschenrechte verboten wurde und nun von den Griechen als Getränk verkauft wird. Den ganzen Tag dachte ich daran, wie ich da wieder rauskommen könnte. Aber ich hatte mich hineingeritten, also mußte ich da durch. Der Tag verlief normal. Schließlich machten wir uns auf den Weg zum Tuckenstrand. Kurz bevor wir ankamen, fragte mein Mann: "Du weißt noch, was du gestern gesagt hast?"

Ich sah eine Chance: "Nein, was soll ich denn gesagt haben?"

Mein Mann lachte: "So einfach kommst du da nicht raus! Ich weiß, daß du es noch weißt."

"Also gut! Aber ich war betrunken."

"Nichts da! Wort ist Wort, und Ouzo ist Ouzo. Du bleibst dabei und ich wette mit dir, daß du keinen einzigen Mann abkriegst."

"Pöh! Du wirst schon sehen."

Schweigend gingen wir weiter. Mein Mann sagte: "Ich wette mit dir um eine Kiste Champagner?"

"Eine Kiste Tuckenbrause? Mensch, das ist aber großzügig von dir."

"Haha, prahle hier nicht so herum, dir wird das Lachen schon noch vergehen."

Er wußte ja nicht, wie recht er hatte.

Wir kampierten an der üblichen Stelle. Meine sonstige Gewohnheit, nämlich erstmal die Badehose anzulassen, bis ich den psychischen Druck nicht mehr aushielt, mißachtete ich heute. Im Gegenteil: Ich trat vor unser buschumzäuntes Terrain, rekelte und streckte mich in der Sonne und machte einen langsamen Striptease. ‚Ruck zuck' erhoben sich die Schwestern aus ihren Verstecken. Wie die Murmeltiere auf der Alm steckten sie nach und nach alle Ihre Köpfe heraus. Ich war zufrieden. Dann nahm ich mir die Sonnenmilch und rieb mich überall ein und zwar ganz langsam. Ganz wohl war mir nicht dabei. Ich zelebrierte es bis zu dem Zeitpunkt, als ich von irgendwo aus den Büschen hörte: "Du Michael, heute ist der irre Deutsche ganz ausgerastet. Der hat sich nicht nur sofort die Badehose ausgezogen, jetzt reibt er sich auch noch vor allen Augen ein, daß man denken muß, er holt sich gleich einen runter."

Ich war tief getroffen und tödlich beleidigt. Ich zog den Schwanz ein und trollte mich wieder in unser Versteck.

Es war nicht mein Glückstag, denn es zogen innerhalb von Minuten ein paar dunkle Wolken auf. Die ersten Schwestern fingen schon an, ihre Täschchen zu packen. Dann fielen die ersten Regentropfen. Sie waren warm und ziemlich dürftig, so wie es zu den Schwulen paßte. Aber haste nich' gesehen, huschten die ersten Richtung Heimat. Ich stand da und schaute noch verdutzt, als mein Mann sagte: "Sollen wir nicht auch aufbrechen? Ich habe keine Lust, naß zu werden."

"Wie jetzt? Wenn du ins Meer gehst, dann wirst du doch auch naß. Ich will hierbleiben. Ich habe ein Wette abgeschlossen."

"Ich schenke dir den Sieg. Ich sehe nur nicht ein, warum meine ganzen Sachen wegen deiner Dickköpfigkeit naß werden sollten."

Da drehte ich durch. Alles hatte sich gegen mich verschworen. Ich rannte splitterfasernackt über den inzwischen einsamen Tuckenstrand. Niemand war zu sehen. Eine einzelne leere Lippenstifthülle, ein paar Kleenextücher und eine leere Flasche Eierlikör lagen noch im Sand herum. Inzwischen fast manisch geworden, lief ich zwischen den Büschen hin und her. Ich schrie erst leise, dann immer lauter: "Haaallloooo! Keiner mehr da? Ich bin's, euer Jojo! Ich bin zu haaaaaben...."

Als niemand reagierte, da fuhr ich stärkere Geschütze auf. Ich lockte: "Tuck tuck tuck .... hier ist der Jojo, der hat auch ein Eierlikörchen für euch... tuck tuck tuck!"

Mein Rufen verhallte in den Einöden der wilden, verlassenen, griechischen Küstenlandschaft. Plötzlich stand mein Mann hinter mir und legte mir die Hand auf die Schulter.

"Komm jetzt, es hat keinen Sinn. Es ist niemand mehr da."

Da überwältigte ich ihn und er erfüllte seine ehelichen Pflichten am einsamen Tuckenstrand von Rhodos.

Der Transferbus zum Flughafen sollte um 11.30 Uhr am Hotel ankommen. Wir hatten also alle Zeit der Welt um zu frühstücken. Mein Mann setzte die Kaffeetasse ab und sagte: "Nun nimm es doch nicht so ernst! Komm, mach mal ein freundlicheres Gesicht."

Er streichelte mir über den Kopf. Ich schlug seine Hand weg. Schmollend sagte ich: "Alles hat sich gegen mich verschworen. Da will ich mal an den Tuckenstrand und dann hauen die blöden Schwestern einfach ab."

Mein abgrundgütiger Mann strich mir durch die Haare und sagte leise: "Sieh' das doch nicht so negativ. Du kannst doch nun mit Fug und Recht behaupten, daß du sogar *alle* Männer auf dem Tuckenstrand abbekommen hast. Ja, sogar alle auf einmal." Er grinste und fuhr fort: "Es muß ja keiner erfahren, daß *ich* der einzige Mann dort war." Da hatte er recht. Wenn man das so sah, dann war ich schon ein toller Kerl.

"Aber dann hast du ja die Wette verloren."

Nun hatte ich was zu erzählen. Ich nahm mir vor, direkt nach meiner Ankunft in Deutschland meine allerbeste Freundin, Bernadette, anzurufen. Ich lächelte wieder. Ja, so würde ich es machen. Nach dem Flug würde mein Mann eh eine Pause machen wollen - wegen seiner Flugangst -, und dann würde ich sofort vom Flughafen aus anrufen und die Neuigkeiten verbreiten. Es war doch nicht so schlecht gewesen, nach Griechenland in Urlaub zu fahren. Man konnte sich auf Bernadette verlassen. Wenn wir dann in zwanzig Minuten zu Hause sein würden, dann könnte ich sicher sein, daß sie dafür gesorgt hatte, daß es schon die ganze Szene wußte. Zufrieden biß ich in mein Brötchen, dann brachte Costas, der Kellner, uns noch einen Kaffee.

Nachtrag vom Autor Man kann den Eindruck gewinnen, daß alle männlichen Griechen den Vornamen Costas haben. Nein, das ist nicht so. Es soll auch Griechen geben, die anders heißen, aber ich habe nie einen solchen getroffen. Also kann ich dieses Gerücht nicht bestätigen!

Noch ein Nachtrag vom Autor: Man könnte ebenfalls den Eindruck gewinnen, daß ich etwas gegen Österreicher habe. Nein, das stimmt nicht! Solange sie nicht gehäuft als Touristen auftreten, sind sie sogar manchmal durchaus nett. Damit alle Österreicher auch mal was zu lachen haben: Hier ein Witz über deutsche Touristen: Was ist der Unterschied zwischen deutschen Terroristen und deutschen Touristen? Na? ... Die Terroristen haben Sympathisanten. Kalinichta!

159

Nachspiel

Da saß ich nun vor meiner Tastatur und hatte eben die letzte Geschichte zu dieser Sammlung geschrieben. Plötzlich machte es PUFF und mein ganz spezielles Teufelchen saß auf meiner linken Schulter. Kurz darauf machte es KLINGELING und mein ganz persönliches Engelchen saß auf meiner rechten Schulter. Ich war nicht erstaunt, denn beide gehören zu mir und belieben mich meist in den ungünstigsten Situationen zu belästigen.

"Hi Stecher!" sagte das Teufelchen mit angetrunkenem Lallen.
"Grüß Gott!" rief das Engelchen mit gottesvergessener Miene.
"Oh weia, da seid ihr ja wieder. Was ist denn?"
"Uns interessiert, was du da machst", sagte das Teufelchen, während es mich böse angrinste.
"Ich schreibe ein Buch. Eigentlich bin ich gerade fertig."
"Um was für ein Buch handelt es sich?" fragte das Engelchen.
"Um ein Buch über einen schwulen Menschen namens Jojo. Es ist Satire."
"Satire ist böse, nicht?" fragte das Teufelchen hoffnungsvoll.
"Unsinn, Satire ist humorvoll und lustig", fiel das Engelchen dazwischen.
"Hmm, ich fürchte, daß Satire beides ist. Es kommt immer darauf an, von welchem Standpunkt man es sieht. Seht mal hinein. Ich hielt das fertige Manuskript so hin, daß es beide sehen konnten. Es dauerte eine Zeit lang, da hatten sich beide ein Bild gemacht.

"Ja, wir sind endlos beglückt von deiner Schreibkunst. Du hast es mal wieder geschafft, deine Mitmenschen mit einer Viertelstunde Tipparbeit zu erfreuen. Gott wird es dir danken", entzückte sich das Engelchen.
"Echt? Wird er das? Ich glaube nicht, daß der liebe Gott meine Geschichten liest."
"Ebent!" rülpste das Teufelchen heftigst.
Es stank nach Knoblauch und Schwefel. Die Blume auf meinem Schreibtisch welkte in Sekunden.
"Igittigittigitt! Mäßige dich ein wenig vor dem Herrn", sagte das Engelchen mit grünem Gesicht.
"Wir fragen uns, was du dir bei diesen Geschichten gedacht hast", sülzte mein Engelchen.
"Jau! Rück' mal rüber mit der Info!"

Mein Teufelchen war auch neugierig.

"Also,..."

"Nun, liebster Jojo, man fängt keine Sätze mit ‚also' an" Auch fängst du viel zu viele Sätze mit ‚ich' an"

"Halt die Klappe du... Engel!"

Das Teufelchen pikste dem Engel mit der Gabel in den Allerwertesten.

"Au! Du pöser Pengel!!"

"Schluß jetzt!" Ich sprach ein Machtwort. "Seid jetzt mal ruhig!"

Ich setzte mich gemütlich in meinen Sessel und steckte mir eine Zigarette an. Das Engelchen stöhnte auf, sagte aber nichts mehr. Das Teufelchen grinste dreckig und kratzte sich im Schritt. Beide warteten auf meine Antwort.

"Also,... ähm, na ja... ich weiß keinen Anfang! Sicher ist es meine Geschichte und ich habe sie geschrieben."

"Klasse formuliert, Alter!"

Mein Teufelchen tappte nervös mit seinem kleinen Huf auf meine Schulter.

"Nun ja...", ich wurde rot, "ich habe das Thema Suche, Hoffnung, Weltsicht behandeln wollen. Aber ganz von selbst ist da eine ganz andere Geschichte daraus geworden."

"Hihihihih! Geil! Das habe ich bewirkt?"

Das Teufelchen freute sich höllisch.

"Du hast mal wieder nicht zugehört, du Lümmel. Hast du es denn immer noch nicht kapiert, du Dummerchen?! Bei Jojo kam etwas anderes heraus, als das, was er schreiben wollte."

Mein Engelchen war richtig süß, wenn es sich aufregte.

"Hihihihi! Es kam was heraus..."

Das Teufelchen äffte herum und hüpfte von einem Bein auf das andere.

"Darf ich nun auch mal was sagen?"

Ich war unsicher geworden.

"Klaro Alter! Tu, was du willst! Das war immer schon die Devise von meinem Chef. Ist echt geil, ey!"

"Gut, was soll ich erklären? Ich habe einfach drauflosgeschrieben und dabei kam dann das heraus."

"Stark!"

Das Teufelchen spielte sich an den Eiern und war dabei, sich bei dem Gedanken einen runterzuholen.

"Ach, halte die Klappe, du Teufel. Laß mich jetzt mal erklären...
Ich habe geschrieben und geschrieben. Ich habe nicht darüber
nachgedacht, was ich da genau mache. Dann zeigte ich meine
ersten Versuche einem Freund und der sagte, daß es gut sei. Dann
lasen es noch eine Menge Leute und alle sagten, daß sie so etwas
noch nicht gelesen hätten. Dabei war das, was ich da machte noch
nicht mal neu. Aber irgendwie haben diese Menschen gespürt, daß
es aus meinem Herzen kam. Ich danke allen, die mir den Mut
gemacht haben weiter zu schreiben und vor allem denen, die mir
Inspiration zu Teil werden ließen, indem sie mich in schlimme oder
peinliche Situationen gebracht haben. Tja, was soll ich weiter
sagen: Ich bin stolz auf mich!"

Meine Zigarette war zu Ende geraucht und ich schaute das
Engelchen auf meiner Schulter an. Es hatte Tränen der Rührung in
den Augen stehen. Ich reichte ihm mein Taschentuch und es
schnäuzte sich heftig. Das Teufelchen war ganz ruhig geworden.
Aber ich sah, daß ich einen weißen Fleck auf meiner Schulter hatte.
Ich entriß dem Engelchen das Taschentuch und wischte meine
Schulter sauber. In einer schwarzen, stinkenden Qualmwolke löste
sich das Teufelchen auf. Mit einem Plopp entschwand das
Engelchen in einer nach ‚Egoíste' duftenden rosa Wolke. Ich war
wieder alleine. Nein, eigentlich war ich es nicht, denn eine tiefe
Stimme, mit viel Hall versetzt, drang an mein Ohr und dröhnte: "So
ein Quatsch!"

Und dann vernahm ich einen Engelschor.

- ENDE -

Fortsetzung ist in Vorbereitung und folgt...

Versprochen!

Schreibt mir: Email: **jojote@online-club.de** (Antwort garantiert) oder schaut auf meiner Homepage vorbei:

http://www.jojote.purespace.de